新・MINERVA
福祉ライブラリー
**37**

# ホスピタリティマネジメント が介護を変える

## サービス偏重から双方向の関わり合いへ

吉原敬典 編著

ミネルヴァ書房

# まえがき

　個性の時代，創造性の時代，心の時代と言われるようになりました。個性とは，その人にしか備わっていない「持ち味」のことです。創造性はその人の「心」と「頭脳」の叫びであると捉えることができるでしょう。太陽の塔を創造した芸術家の岡本太郎氏を彷彿とさせます。これらは，人間こそが発揮できる能力です。その点，今の時代は「人間の時代」だと表現することができると思います。それは，人間こそがすべての「モノ」や「こと」を創り出す存在だからです。

　そのような認識を踏まえた上で，「今，あなたは幸せですか？」と尋ねてみたいと思います。あなたは，どのように答えるでしょうか。この問いに対する答えは人さまざまでしょう。この答えを生み出すマネジメントこそが，実は本書で取り上げる「ホスピタリティマネジメント」なのです。

　ホスピタリティマネジメントは，人の幸せを願い実現させるマネジメントです。他者を幸せにするためには，私たち一人ひとりが幸せでなければなりません。人を幸せにするには，まずは自分自身が幸せになる必要があるからです。また，人の幸せを考えるということは自分の時間を誰のために使うのかという発想が必要で，「自分づくり」や「自分磨き」が必須になります。自分のことを抜きにして人の幸せを考えようとすると，いつの日か，化けの皮がはがれ継続することが困難になってしまうからです。

　これからの社会を見通すと，私たちの問題として取り組む必要のある課題は何でしょうか。その一つに介護があります。介護は日本が高齢社会に突入した結果，必然の課題であるといえます。そして，私たちに対して突き付け

られている本質的な課題でもあります。人間は誰もが老いていきます。身体的な衰えは避けようがありません。これまでできていたことができなくなるのです。その時に，人間は誰もが助けを求めます。助けを求めている人が目の前に現れた時に，あなたはどのような気持ちになりますか。そして，どのようにするでしょうか。本書は，そのようなことを読者と一緒に考えたいと出版するものです。そして，本書では，経営学の一分野であるホスピタリティマネジメント理論の視点から，「介護におけるホスピタリティマネジメントの実際」を具体的なテーマに据えることにしました。介護というテーマは，私たちの問題として，今こそじっくりと腰を据えて考える機会だと思うからです。

　第Ⅰ部は，ホスピタリティマネジメント理論を取り上げ，わかりやすく解説しました。また，第Ⅱ部では具体的な事例を取り上げました。総務省によると，2025年には団塊の世代が75歳以上になり，75歳以上の高齢者は現在よりも700万人増えて2,179万人になることが予想されています。また，介護従事者についても約38万人の不足が見込まれています。第Ⅲ部は，ホスピタリティマネジメントは特別なことではなく，誰もが実践可能であるという観点から執筆したものです。本書は，そのような状況の変化を見通しながら執筆したものです。また，各章末には読みやすいコラムを載せています。これらのコラムは，人間のみがホスピタリティを実践できるとの観点から内容を吟味したものです。

　私たちは今から先を見て，「介護に従事する人（介護者）」と「介護を利用する人（利用者）」が共に喜び合い，また社会的な課題の解決へつながる状況づくりに貢献したいと考えています。問題提起をするとともに，私たち人間にとって要であり本質であることを伝えていきたいと思います。本書のどの章にも共通するキーワードは，「ホスピタリティ」です。ホスピタリティについては，「活私利他」と表現できます。簡単に言うと，目の前にいる他者が喜び幸せになるように自らを活かすという意味です。すなわち，他者の喜

びや幸せのために能力を発揮することを重視している言葉です。利他を通して自分が活きるのです。他者もよい状態になり自分もよい状態になる，すなわち「Happy・Happy のマネジメント」について理論的に，そして具体的に述べました。

　介護は，今，私たち人間が試されている分野でもあります。また，私たちが生きていくとはどういうことなのか，生きることの本質について問われている場が介護です。一方，お金に人を合わせようとするアプローチは人間のあるべき姿を見失う危険性があることについてもわきまえておく必要があります。本書は，これからの介護の姿を見通しているので，価値があると考えています。今から先を見て，介護の現場で働く人に役立ち，未来へつながるケアのあり方を生み出す一助になれば望外の喜びです。

　本書の出版にあたって，ミネルヴァ書房編集部の音田潔氏にたいへんお世話になりました。私たちが考える「日本社会が抱える課題の解決」についてご理解いただき，最後まであたたかく見守っていただきました。執筆者を代表して厚く御礼申し上げます。

　2020年4月

吉原敬典

# ホスピタリティマネジメントが介護を変える
── サービス偏重から双方向の関わり合いへ ──

## 目　次

まえがき

| 序　章 | 介護経営の悪循環を断つ |
|---|---|
| | ──ホスピタリティマネジメントが現場を変える |

　本書が取り上げるホスピタリティマネジメントは，関係者がお互いに喜び合い幸せになることを目的にしています。介護を利用する人，介護施設で働く人，介護に関する業務や事業等をマネジメントする人，介護経営者，地域で住み暮らす人が共に良くなることを目指すものです。

## 1　私たちが試されている介護

　その目的に対して，介護の現状はどうでしょうか。介護事業者の増加に対して介護従事者の不足，それに加えて介護経験者の絶対的な不足，高齢者の急増，要介護者の増加などの急激な変化にまだ適応しきれていないのが現状です。また同時に，介護する際に必要になる専門性が不足しているとともに，利用者に対しての虐待が増えています。それは，介護従事者の不足に起因する採用管理の甘さが拍車をかけているためと考えられます。厚生労働省によると，要介護施設従事者等による高齢者虐待の発生要因は，「教育・知識・介護技術等に関する問題」が最も多く，「職員のストレスや感情コントロールの問題」「倫理観や理念の欠如」などが挙げられています（厚生労働省ホームページ）。

　このような状況を生み出している背景に，何があるのでしょうか。それは，日本の高齢化が急速に進んでいることが挙げられます。現代の日本は，すでに超高齢社会に突入しています。総務省が公表した2019年11月１日現在（概算値）の人口推計によると，65歳以上の高齢者は3,591万人で，全体に占める割合は28.5％とされています（総務省統計局ホームページ）。場所によっては，

高齢化率が50％を超える限界集落と呼ばれる地域まで生まれています。このような状況変化は，介護が必要であるにもかかわらず施設に入れない人を生み出しています。たとえば，特別養護老人ホームの待機者は2019年4月時点で32万6,000人で，依然として高止まりしていることが明らかになりました（「読売新聞」2019年12月26日付朝刊）。

## 2　本質的な議論が必要な時

　このような状況を踏まえ，介護経営の悪循環を断ち切るには，どのような考え方で現場をマネジメントしたらよいのでしょうか。今こそ本質的な議論が必要です。「お金に人を合わせる考え方」については少し傍らに置いて，まずは介護のあるべき姿を提起する必要があります。そして，介護のあるべき姿を目指す職場が一つひとつ増えていけばよいのです。

　そのためには，介護を仕事にする人たちの心意気やリソース（Resource）を活用することから始めましょう。リソースとは，行動する上で頼りになる力のことです。そのためには，人間に関する知識の獲得や人間対応の姿勢や態度を育む機会を少しずつでも今以上に増やしていく必要があります。これらの機会を一つひとつ積み重ねて，介護に従事するすべての人々のリソースにしていくことが，今，求められているのです。

## 3　介護者のリソース活用の可能性

　介護する人にリソースがあることは，以下のインタビュー内容からも一目瞭然です。インタビューは，筆者が行いました。ここでは，インタビュー対象者の声を紹介します。インタビューを通じて，もともと人に思いやりのある優しい人が介護に携わっていることがわかります。その優しさを発揮できるように引き出し，マネジメントしていけばよいのです。

## （1）Oさんへのインタビュー

### （Oさん：経歴・グループホーム3年，デイサービス1年半，非常勤介護士）

#### 1）利用者がやりたいこと

　そうですね。今は困っていることはないですね。このところ，いろいろと職場環境が改善されていて，たとえば，日中の人員が増えました。これまでは，利用者の側にいられないとか，一緒に散歩できないなどがありましたが，このところ利用者と関わる時間が増えました。その点，やりがいが出てきました。利用者の方々は，「買い物に行きたい」「散歩したい」「手紙を出したい」「お天気がよいから外で食事をしたい」など，日常の小さな事ができなくなっています。そのため，一人ひとりの思いに寄り添いたいと考えています。お金がかかる場合には，事前に申請すると認められます。

#### 2）心が通じ合うこと

　自立支援として，「その人が自分でできることは，やっていただくこと」と「その人らしく生きること」は，違うと思います。利用者一人ひとりに心があるので，動作をやってもらうだけでは違うのではないか。強制ではいけない。介護する私たちと心が通じ合い，本人が「よし！やってみよう」と思えば，残っている能力を引き出そうとするスタッフの思いと重なって，良い効果が出てくると思います。そのための環境づくりなど，黒子として陰で見守り支えます。利用者が安心して失敗できる所が介護施設だと思っています。

#### 3）交流の場をつくる

　全体的に見ると，認知症の方は手に負えないことがあります。したがって，病院での治療，入院が困難とみなされ，十分な医療が受けられないこともあるようです。「家族が付き添うのがよい」とか，あるいは施設では「身体を拘束する」ようなことが起きることもあります。様々な問題がありますが，筆者は，認知症である本人が一番つらいと思います。そのため，介護の現場では，まずはしっかりと心をわかることから始めることだと思います。しっかりと双方向でコミュニケーションをとり，そして，交流の場をつくること

が大切ではないかと考えています。強制的なことは一切やらず，個人個人の思いを大切にしています。現場での認知症患者への接し方・対応にも，これからはお互いの信頼関係をより深める必要があるのではないでしょうか。

### 4）いちばんは安心

一人ひとり違う人生を歩いてこられ，大変な時代を生き抜いてこられた高齢者の方々に対し，私はやさしくありたいと思います。人との交わりがなく，心と心が通わないと，生活そのものができなくなります。私は，生活の中で大事なことは，いちばんに安心だと思います。声をかけ，心が通じ合うことが，高齢者の安心につながると思います。いつも利用者はどう思っているのか，どのように感じておられるのか，本人のことを想像し声をかけることが最も大切なことだと思います。


## （2）Tさんへのインタビュー

### （Tさん：グループホーム管理者，介護福祉士，介護支援専門員）

### 1）高齢者が好きという気持ち

私は，仕事に対して責任や重圧を感じるばかりではなく，楽しくやっています。その根底には，人間が好きという気持ちがありますね。私自身，短大では社会福祉学科へ進学した経緯がありました。今は利用者の体調管理，介護保険の請求管理，職員の入職・勤怠の管理，渉外，施設の運営，ケアプラン，職員数に関する管理などを行っています。

### 2）人間が好きということが第一

基本は，先程，言いましたように，人間が好きであるということが第一です。たとえば，どのような状態にあっても，私たちと何ら変わりない同じ人間として対応することが一番です。

### 3）コミュニティの中でのつながり

介護施設は，一言でいうと，コミュニティであるということ。そのコミュニティの中で一人ひとりがつながりをもつということ。そして，他のコミュ

ニティとのつながりを重視しているということ。この点を踏まえ，入居者の外出も勧めています。近所の方々もボランティアで関わっていただいています。また，ハーモニカ，音遊びの会，童謡・唱歌の会等の様々な活動をしています。ふれあいまつりもあります。

### ４）利用者がしたいことをしていただく

極力，利用者がしたいことをしていただくようにしています。たとえば，希望される方はお誕生日に遠出することもあります。そのために，よく声をかけるようにしています。そういう時，参加された利用者の表情が大事な指標です。表情を見て，自らの居場所の居心地が良いかどうかはわかります。

### ５）前向きに自己研鑽する人は適性がある

利用者を大切に思えるかどうか，そう感じられるかどうかが介護職には必要だと思います。また，前向きに自己研鑽する人は介護職の適性があると思います。意欲的に自己を高められることがとても大切ですね。たとえば，医療に関する知識，ケアのマネジメント，認知症に関する理解などが挙げられます。それによって，視野が広がりますから，いろいろなことを知ろうとすることも大切なことです。

### ６）一緒に喜び合えること

介護の仕事は，やりがいがあると思います。たとえば，こちらが働きかけると反応が返ってくるなど，そこに私たちの喜びがあります。「ご飯いっぱい食べられた，良かったね」「排便，出て良かったね」などと声をかけた時，当たり前のことですが，一緒に喜び合えることにやりがいを感じます。また，１週間入院された利用者が，退院して戻ってこられた時に「ただいま」と言っていました。自分の家だと思っているんですね。このことも喜びの一つです。介護に携わっていると，いろいろなコミュニティに関わりますし，いろいろな方々との交流が持てる点も，私たちの成長につながります。

## 4　介護業界は今が変わるチャンス

　大学生を対象にしたインターンシップの導入も，ぜひ進めていくべきです。これからは大学生の就職先として，今まで以上に選んでもらうような仕掛けが不可欠です。また，人間に関する勉強や高齢者の特徴に関する勉強を続けていきながら，医師と連携する機会を増やすことについても積極的にやるべきです。そのためにも，まずは足元を固め，「食事」「入浴」「排せつ」の3大介護に重点化して，徹底的にスキルを磨いていきましょう（第5章参照）。

　介護業界は，今が変わるチャンスです。経営者も働く人も，また利用する人も変わっていかなくてはなりません。今こそ，利用者本人とその家族，そして病院主治医，開業医，歯科医，ケアマネジャー，看護師，薬剤師，民生委員等が集まって，一緒に一から介護経営について真っ当に考えてみるタイミングではないでしょうか。今がそのチャンスなのです。

　なぜ介護を自らの仕事に定めたのか。これからの人生や生活をどうしていきたいのか。それぞれに，「思い」があるでしょう。まずは，これらの問いに目を向けることから始めましょう。このことで自らを変えていきましょう。

## 5　ホスピタリティマネジメントが介護を変える

　ホスピタリティマネジメントは，自らの能力を発揮して，目の前にいる人が喜び幸せになることを目指します。そうすると，ある時，思いがけず幸せのギフト（Gift）が届くという経験をすることがあります。それは，笑顔を見せてくれたり，「ありがとう」の一言であったり，何か利用者が作ってくれたプレゼントであったりすることでしょう。また，現在の辛い気持ちをわかり合えることかもしれません。それは気持ちを交換し合う経験と捉えることができます。

　すなわち，介護を仕事にしている人と介護施設を利用している人が，共に
「Happy・Happy の関係」になる可能性が生まれてくる瞬間です。このよう
な瞬間を感じることができると，クレーム（Claim）を受けている時よりも，
確実に働く人のモチベーションが高まります。また，そのことが励みになっ
て働きがいや生きがいへとつながっていきます。これは，本来，人間に備
わっている心理的な相互作用を取り戻し，人と人が絆を確認して深め合うこ
とができる瞬間であるといえます。「人から人へ」「人が人に」を可能にする
マネジメントが，ホスピタリティマネジメントなのです。

## 6　介護にホスピタリティマネジメントを適用できる理由

　本書では介護報酬に関する解説はしていません。それは，ホスピタリティ
マネジメントはお金を否定しているのではなく，介護を考える場合には，お
金の前に大事なことがあると考えるからです。
　では，なぜホスピタリティマネジメントを介護に適用するのでしょうか。
理由は，3つあります。1つ目は，サービスの標準化が進む中，働く人の傾
向が変化しているからです。2つ目は，元々サービスには「仕える」という
意味があります。そこには，サービスの無人化など，双方向のコミュニケー
ションよりも効率性を重視した一方向的な傾向が認められるからです。そし
て，3つ目の理由は，仕事の特性が変わりつつあるからなのです。順次，解
説していきましょう。

### （1）働く人の傾向
　私たちの生活は今も昔も，より便利さを求めています。その便利な社会の
中で生活するうちに少しずつですが，紋切り型で機械的な習慣が身に付いて
いるようです。またデジタル社会の急激な進展によって，事実でないことを
過激に表現しようとする人も確実に増えています。画一的で効率性のみを求

める人も，多くなっているといえるでしょう。

　介護では，このような動きの行き過ぎには「NO！」の声をあげなくては
なりません。それは介護という仕事が，特にさまざまな経験をしてきた生身
の人間を対象にしているからであり，人が人をケアすることが基本だからで
す。これから先もずっと「人から人へ」「人が人に」を大切にする介護でな
くてはならないからです。


## （2）サービスの方向性

　現在，日本社会を概観すると，ますますサービスの無人化と自動化が加速
しているといえます。AIやロボットが，私たちが行うことを代わりに行う
ようになりました。介護においても，働く人の負担を軽減できるとして歓迎
されています。しかし，随所に行き過ぎが指摘されています。人と人が交流
することがないことから，相乗効果が期待できなくなることが挙げられます。
私たちが日常，経験するセルフサービスもその中の一つでしょう。私たちは，
セルフサービスを導入する際には行き過ぎに注意する必要があります。

　このことに加えて，利益を出すという点でサービスの経済化が一段と進ん
でいます。すなわち，介護をする対価としての介護報酬を目的とする経営が
挙げられます。ホスピタリティマネジメントは，利益を否定するものではあ
りません。むしろ適正利益を確保して組織の存続可能性を高めることは重要
です。そして，ホスピタリティマネジメントは，これまでの短期の自己利益
最大化を狙うのではなく，まずは自己利益以上に他者の利益を重視して，中
長期的に利用者との共存可能性を高めることを目的にしています。


## （3）仕事の特性

　日本では，社会で介護に取り組む仕組みができたのが2000年でした。介護
保険制度の誕生です。しかし個人レベルでは親との関係で，過去の経験が役
に立たなくなっていることが考えられます。そして，どちらかといえば，介

8

護という止解がないテーマについて，私たちの手で問題を解決することが求められているのです。たとえば，利用者が気づいていないことをお互いが感じながら，手探りで潜在的なニーズを明らかにすることも求められています。高齢者が生活する上での困り事も増えてきました。また，高齢者が我慢を強いられている現実もあります。困っていることを困らないようにする，我慢していることを我慢しなくて済むようにすることも，ホスピタリティマネジメントに求められています。

　まさに介護は，当事者だけでは対応することが困難で，多くの人の助けを必要とすることがテーマでもあります。前述した多くの関係者が一緒に取り組み，問題を解決することが求められているのです。

## 7　ホスピタリティマネジメントの基本原理

　組織が永続的に生存するためには，どのように考えたらよいでしょうか。ここに組織が依って立つところの基本原理が必要です。経営管理する経営者・管理者が持つべき原理とは何でしょうか。

　ホスピタリティマネジメントの基本原理は，利害関係者（Stakeholder）である他者との信頼関係を構築し永続的な組織の存続可能性を高めるために，自己利益の最大化を図るのではなく，他者の利益を重視し，他者を受け容れ，他者が評価する価値を共創して他者との共存可能性を高める活動の遂行を求めています。この基本原理は，企業と顧客の関係だけではなく，企業と株主の関係，さらには上司と部下の関係についても適用可能です。

　自己利益の最大化を経営の目的とする場合には，新古典派経済学が前提とする「経済人仮説」に基づいているといえます。すなわち，短期利益を最大化するという仮定に支えられた「利益最大化モデル」によるものです。ホスピタリティマネジメントは，これまでの短期の自己利益最大化マネジメントとは異なり，まずは利害関係者を尊重し，受け容れ，ベネフィット（Benefit）

を提供することを基本原理としています。言い換えれば，組織の自己利益以上に他者の利益を重視して，中長期的に共存可能性を高めようとする原理なのです。したがって，結果的に自己利益を得る場合もあるし，またその逆もあり得るのです。

　ホスピタリティマネジメントは経済学を起点とする自己利益を最大化するという合理的な経済人仮説とは異なり，組織関係者間の相互成長と相互繁栄の視点に立つものです。そして，ホスピタリティマネジメントは，利害関係者との共存可能性を探る活動であると捉えることができます。

## 8　どのような人を育てることができるか

　では，ホスピタリティマネジメントを実践すると，どのような人を育てることができるのでしょうか。ホスピタリティは「人間性」「効率性」「創造性」といった意味を併せもっていることから，以下に挙げる人を育成することができます。

**①　人間性**
- 礼儀正しい人。
- 自らのポリシーを持って動き，関係者に働きかけることができる人。

**②　効率性**
- 決められたことを決められたように行える人。
- 利用者が望んでいることを行える人。

**③　創造性**
- 他の人や施設がやっていないことを創り出す人。
- 介護利用者のことをよくわかりながら，潜在的に願望していることを感知し実現する人。
- 困っていることを困らないように手を打つ人。

- 我慢していることを我慢しなくても済むように手を打つ人。
- 利用者を喜ばせることが好きで，感動を与えることができる人。
- 幸せをもたらす人。

**参考文献**

グレッチェン，S. & ポラス，C.／有賀裕子訳（2012）「社員のパフォーマンスを高める幸福のマネジメント——Feature Articles 幸福の戦略」『Harvard business review』37(5)，46-57頁。

厚生労働省ホームページ（www.mhlw.go.jp/index.html，2019年12月8日アクセス）。

サッチャー，S. J. & グプタ，S.／有賀裕子訳（2019）「不正や不祥事は経営危機に直結する——企業は信頼をマネジメントせよ」『Harvard business review』44(12)，20-32頁。

総務省統計局ホームページ（www.stat.go.jp/data/jinsui/index.html，2019年12月8日アクセス）。

吉原敬典（2005）『ホスピタリティ・リーダーシップ』白桃書房。

（吉原敬典）

第 I 部

介護現場を変える
ホスピタリティマネジメント

| 第1章 | ホスピタリティとは何か |
| :---: | :--- |
| | ──利用者と職員の相互作用 |

　現在，周りを見てみると，「おもてなし」「サービス」「ホスピタリティ」が混同して使用されているという現実があります。この状態を放置しておくと，マネジメントする人ばかりではなく，実は働いている人が何をどのようにしたらホスピタリティを向上することにつながるのか，よくわからないままホスピタリティと連呼している状況に陥ります。本章では，まずはこれらの言葉の違いについて明らかにしていきたいと思います。

## 1　ホスピタリティはおもてなしにあらず

　今，テレビをはじめとして，誰かれとなく「おもてなし」と口々に言っています。そこでは，「ホスピタリティ」との違いを意識しているわけではありません。たとえば，東京オリンピック・パラリンピック競技大会組織委員会においても，最初の方では大会のキーワードを「ホスピタリティ」と表現していました。それが，いつの間にか「おもてなし」と言われるようになりました。では，両者にはどのような違いがあるのでしょうか。

### （1）言葉の違い

　具体的には後述しますが，それぞれの言葉のルーツを調べてみると，大きな違いがあることに気がつきます。一言でいうと，ホスピタリティについては「ホストとゲストが一緒になって創造する」（吉原編著 2014）という意味があり，「共創」という言葉と，ほぼ意味が重なります。なぜか。共創は共同創造を意味しているからです。それに対して，おもてなしはホストの都合

じゲストに働きかけるという意味があります（服部 1994）。招く側にどのような意図があって，どのような結果を狙っているのか。そのための手段・方法は何か。これらはゲスト側からするとブラックボックスの中にあって，よくわからないのです。一つ言えることは，ホスト側が主導しているところに特徴があります。

　ホスピタリティが双方向で一緒に新たな価値をつくる営みであるのに対して，おもてなしは迎える側の一方向的な都合や働きかけによって，ゲスト不在の状態が起こり得るのです。そうなると，招かれたゲストは押し付けられたという気持ちになるかもしれません。このように意味が大きく異なる概念なのです。まずは，「ホスピタリティはおもてなしにあらず」と言うことができます。

## （2）ホスピタリティの変遷

　ホスピタリティという行為・定義については，次の変遷を経て今日に至っています（Brotherton 1999；服部 1994；佐々木ら 2009；梅田 1990；吉原 2005）。

①　ラテン語の Hospes が概念ルーツ（語源）で，Potis と Hostis から成り立っている。Potis がホストの立場を表し，Hostis がゲストの立場を表現している（概念ルーツ）。

②　人類の歴史とともに存在し，根源的には原始村落共同体を形成するプロセスにおいて，共同体外からの来訪者を歓待し，飲食あるいは衣類，また休息の場を提供する異人歓待の風習にさかのぼる（起源）。

③　古代や中世のヨーロッパ諸国では，他国からの異邦人を保護する賓客権や客人歓待制度があった（制度）。

④　ゲストを寛大にフレンドリーに受け容れ，楽しませるという意味を含んでいる（行為）。

⑤　現代のアメリカでは，特にホスピタリティ産業に関する捉え方が主

で，ホテル事業やレストラン事業を意味している（事業）。

⑥　選択の自由を重要視している（価値）。

## 2　経営管理者と働く人を悩ませる表現

　先日，あるホテル関係者の方々が集まる会に参加しました。全部で4時間ぐらいのプログラムでした。そこで，登壇者の方々が言われていたフレーズを踏まえ，以下，解説していきます。

### （1）言葉の使用

　どう行動したらよいのかを表現する際に，かなりの混乱があるようです。具体的な意味がわかりにくい上に，精神論に陥ることだけは絶対に避けなければなりません。以下のような言葉が，使われていました。

　　「おもてなしの心をもって」

　　「おもてなしし続けます」

　　「ホスピタリティを鍛えましょう」

　　「良いサービスを提供する」

　　「ホスピタリティを目指している」

　　「ゲストに満足していただき，また会いたいと言っていただく」

　また，公益財団法人日本生産性本部サービス産業生産性協議会が主催して日本サービス大賞を選定しています。公益財団法人日本生産性本部のホームページをご覧下さい。その表彰対象と応募者対象者のところに挙がっている例として，次のような表現が掲載されています。

　　「忘れられない感動や喜びをもたらす物語性のあるサービス」

「常識を覆すような，いままで聞いたことも見たこともないサービス」

「お客様と一緒に双方向のコミュニケーションで価値を共に創るサービス」

「心のこもったサービス」

「地域や社会の活性化に貢献し，市場の成長や雇用を生み出すサービス」

「人々に感動を呼ぶサービス」

「今までにない独創的なサービス」

　これらの例を，どのように解釈したらよいのでしょうか。また，その表現については混乱しないようにするためにどうしたらよいのでしょうか。そこに経営管理者や働く人たちが悩んでいる現状があるのです。日本サービス大賞の例については，「創造性」「効率性」「人間性」といった3つの要素が混在されています。働く人やマネジメントする側の理解と行動が伴うためには，どう表現しなおしたらよいのでしょうか（第2章10参照）。

## （2）サービスの意味と定義

　一体，サービスとはどういう意味なのでしょうか。サービスという言葉は経済学から生まれました。その点，「経済性」に重きが置かれている言葉です。また前述したように，「仕える」という意味があり，ホストとゲストは基本的には上下・主従の関係にあるといえます。

　元々のルーツはエトルリア語でそこからラテン語の「Servus」が派生しました。そして，「Slave（奴隷）」や「Servant（召し使い）」などの英語が生まれました（梅田 1990：321-322）。このように見てくると，ホストとゲストの間にはコミュニケーションが成り立たないことがよくわかります。すなわち，サービスには基本的に「一方向性」という特徴があるのです。また，そのことから効率性の追求に重きが置かれているといえます。サービスの無人化・自動化の動きは，サービスの意味とその方向性の面で一致してきたとい

えるでしょう。

　もう一つは，サービスには「機能」や「活動」という意味があり，形の無い財と書いて「無形財（Intangible goods）」と表現しています。これまでは，具体的に形のある「モノ」と明確に区別されてきました。介護における「食事」「入浴」「排せつ」などの基本的な機能や活動には，形があるわけではありません。しかし，これらの活動は簡易リフトなどの形のあるモノを使って行われることがあります。

　デジタル社会において主流になっているインターネットサービスは，パソコンなどのモノがなくては成り立ちません。そういう意味では，機能・活動のみではビジネスは成り立たないといえます。すなわち，ビジネスはそれらとモノとの組み合わせで成り立っているのです。現実的には，形のない機能・活動と形のあるモノを組み合わせて，介護をしているのです。

　またサービスは，利用者から見て役に立つ機能・活動でなくてはなりません。したがって，そこには対価が支払われることになります。ここで，次の4点にまとめて整理しておきましょう。

　　①　サービスは基本的には一方向的な提供であること。
　　②　形のない機能・活動は，形のあるモノとの組み合わせで提供される場合があるということ。
　　③　提供する機能・活動は役に立たなくてはならないということ。
　　④　サービスは利用者から見た時にお金を支払う対象であり，経済的な活動であると捉えられること。

　これら4点を踏まえると，サービスは，「サービス提供者が一方向的に効率的に役に立つ機能・活動（有形財と組み合わせて）を提供して，サービス享受者が対価を支払う経済的な動機に基づく経済的な活動である」と定義することができます。この定義は，第2章で取り上げるサービス価値の根拠にな

るものです。

## 3　サービス・マネジメントの基礎理論

　介護は，介護サービスという言い方があるように，サービス業であるとする主張があります。これまで商品・モノとの対比で論じられてきたサービスについて，介護の視点から論じることは意味があります。そこで，本節ではサービス・マネジメントの基礎理論について解説します。

### （1）サービスの変遷

　サービス概念は，以下のような変遷をたどっています（Delaunay et al. 1992；野村ら監修 1983）。

① 　アダム・スミス（Adam Smith）は，国富の大きさに影響しないことが特徴で，召使いのように消費財としての所得から支払われ，国富にとっては無駄だと考えていた。

② 　カール・マルクス（Karl Marx）は，成果が非物質的なサービスは価値も剰余価値も生産しないので，重視すべきではないと考え，非生産的労働とされていた。

③ 　ヨーゼフ・アロイス・シュンペーター（Joseph Alois Schumpeter）は，サービスは財として認められるようになり，商品として価値生産を行うが，無形の商品と位置づけた。

④ 　コーリン・グラント・クラーク（Colin Grant Clark）は，サービス産業を第三次産業に分類して，サービス化する社会の産業分類的な基礎を築いた。

⑤ 　アメリカ商務省による標準産業分類（Standard Industrial Classification）では，「ある経済主体に属する人の状態ないし財の状態に，他の

経済主体の活動の結果としてもたらされた変化」として捉えられている。

　一方，日本においては清水滋が，態度，犠牲（組織の負担），精神，活動・機能に分けました（清水 1968：9-24）。また，前田勇は「機能的サービス」と「情緒的サービス」に分けて提示しました[2]（前田 1995：20-21）。

　以下，サービスの意味は何か。サービスの基本的な特徴は何か。商品・モノとの違いは何か。サービスが生み出す価値は何か。サービス価値を提供するために，それも継続的に安定的に提供していくためには何をどのように考え行えばよいのか，について述べていきます。

## （2）サービス概念のルーツと起業のチャンス

　これまでのサービスは，商品・モノの従属的な位置づけにありました。しかしながら，今日，サービスは形あるモノと同様に，組織の繁栄を支えるための構成要素にまで進化しています。サービスの本質は何か。それは，顧客が本来的に行えること，行えないことを代行して提供する活動や機能のことであると捉えることができます。介護の場合には利用者が本来行えないことを，介護に関する専門的な知識や技術によって，提供する活動・機能であると捉えられます。法律的には，委任契約を取り結ぶ行為として捉えられるでしょう。

　前述しましたが，サービス概念のルーツ（語源）はエトルリア語から派生したラテン語の Servus であり，転じて Slave（奴隷）や Servant（召使い）という言葉を生み出しています（梅田 1990：321-322）。したがって，主にホスト（Host）である介護者が，ゲスト（Guest）である利用者を従属させる傾向にあるといえるでしょう。介護サービスは，本質的には介護者による代行機能の提供であり，その提供に対する対価として，介護報酬が支払われることを基本的な仕組みにしています。その点，経済的な動機に基づいて行われ

る経済的な活動として捉えることができます。

　一般的にサービスに関して事業を起こす場合には，次の３つの視点が考えられます。第１は，顧客が持っていない能力を提供する場合には起業チャンスがあります。介護サービス事業については，利用者は介護者に依存せざるを得ない関係にあります。第２は，資源を組み合わせて活用する場合が考えられます。たとえば，旅行会社がイニシアティブを取って交通，ホテル，レストラン，テーマパークなどがそれぞれ持っている資源を組み合わせる事例が挙げられます。介護の場合には，一例を挙げると病院とドラッグストアとの連携が考えられます。地域包括ケアも，基本的にはこの考え方に基づくものです。第３は，今までの経験の中で蓄積してきたノウハウを提供する場合があります。経営に関するコンサルティングなどは，その一つの例として挙げられます。介護知識や介護技術の進展については，数多くの経験を積み重ねて精度が高まり成し遂げられるものです。

　サービス活動の目的は効率性を高めることであり，内部的には組織を継続的に安定的に維持し存続させるに足るだけの適正な利益を確保することです。すなわち，「無駄なく」「無理なく」「ムラなく」を達成することが目的です。その目的のために，売り上げを上げること，コストを削減すること，利益を上げることなどの経営指標が基本になります。

　介護事業についても同様に考えられますが，全体的に効率を高める取り組みが弱いといえるでしょう。これを克服するための施策として，業務機能の標準化，IT化，システム化，マニュアル化，ロボット化等が考えられます。介護報酬が決められている中，売り上げを増やすためには利用者数を増加させる必要があります。また同時に，コストを削減することによって利益を確保することができます。病院で働く人間をはじめとして，経営資源を有効に活用することも検討していかなければなりません。これからの介護経営を考えると，手を打つべきことは多いといえます。

## （3）サービスの基本的な特徴

　サービスは，形のあるモノ（製品・商品）と何が異なるのでしょうか（近藤 2012；佐藤 1995）。主な特徴は何でしょうか。以下，サービスの概念ルーツならびにモノとの違いに着目して導き出します。

### 1）無　形　性

　サービスは具体的な形ではなく，形の無い活動や機能としての介護行為を提供し，その行為を受け取ることが第1の特徴です。ある機能や活動を提供して，対価としての介護報酬を受け取ることで成り立っています。この点，無形性（Intangible goods）が基本的な特徴であるといえます。しかし，実際には形あるモノを使用して提供されることがよくあります。たとえば，レストランに入ってオーダーする料理（モノ）は，お店の人が行う接客行為とともに提供されています。中には，モノは製造されないが，モノを介してサービスが提供されていることも考えられます。交通サービスなどは一つの例といえるでしょう。

　介護行為については，どうでしょうか。種々の道具（モノ）を介して行われている点では同様ですが，治癒後の身体や心理状態については生産されたものとして把握できると考えられます。神の被造物である人間が対象ですが，決してモノとは表現しません。また，決して表現すべきではありません。一定の活動結果として，心理状態を伴った形ある「身体」として捉えることが可能です。このように考えると，介護サービスの場合，有形性についても兼ね備えているものと解釈することができます。

### 2）同　時　性

　第2の特徴は，同時性です。サービスを生産して提供する行為とサービスを享受して消費する行為が，同時に行われるところに特徴があります。作り置きできない，やり直しがきかない，などはサービスの基本的な特徴であるといえます。たとえば，理容サービスなどがこれにあたります。すなわち，サービスは本来的には失敗ができないのです。介護サービスについては，生

身の人間が対象ですから，まさに繰り返しができない行為であるといえます。介護者が最善を尽くす行為として捉えられる所以でもあります。また同時に，ミスや事故が問題になる根拠でもあります。SNS の普及によって，一つのミスが課題に表現され，拡散されていくことも，留意しておかなければならないことです。

### 3）繰り返し性

現在は，インターネットで何度でも繰り返し同じサービス提供を受けることができます。そのことは，SNS でさらに便利に容易にできるようになりました。また対面せずに，いつでもサービスを利用することが可能です。

### 4）一方向性

第3には，一方向性という特徴があります。[3]介護サービスは，主として介護者から利用者への一方向的な行為であると捉えられます。一般的には機械的で義務的に行われる傾向が指摘されています。

したがって，元々クレーム（Claim）やコンプレイン（Complain）が生み出されやすい土壌にあり，長時間労働になりがちです。

## （4）サービスが生み出す価値

サービス行為が生み出す価値については，大別すると，次の5つに分類して捉えることができます。顧客からのスタンダードな期待に応える対応については，サービスのはずせない機能だといえます。

### 1）効　率　性

第1は，効率性という価値です。無駄なく，無理なく，ムラなく，より多くのものを提供できるようにすることだといえます。そのためには当該業務を標準化し，システム化します。また，具体的にはマニュアル化を行い，誰が行っても同じ出来栄えや仕上がりになるようにすることです。現実的には，人間が単位時間当たりに多くの動作を行うことが可能となるように，IT やロボットを利用した機械化や自動化を組み入れています。

### 2）迅速性

第2は迅速性であり，より早く（速く）提供することが期待されています。短い時間内に複雑な手続きを終えることは，サービス享受者のストレスを軽減することにつながります。

### 3）明瞭性

第3は，サービスを利用する際の料金体系等の明瞭性です。たとえばヤマト運輸の宅急便等が一つの良い例です。なぜか。当時の業界内においては運送料が明確ではなく，依頼主の不安要因になっていたからです。

### 4）清潔性

第4は，施設・設備面や働く人の身なり等に関する清潔性価値が挙げられます。ちなみに，東京ディズニーリゾートでは，赤ちゃんが舐めても大丈夫なレベルにまで清潔にすることを求められる清掃基準があります。

### 5）安全性

第5は，最も重要な，安全性に関する価値です。安全性の価値は，介護施設と利用者の約束事です。何はさておき，すべての価値の基本になくてはならないものです。いわば，介護サービス事業の生命線に当たる価値であり，事業継続の資格が問われる価値でもあります。

## （5）サービス・サイクル

前述したサービスが生み出す価値を実質的に提供し続けるためには，図1-1にあるように3つのサービス・サイクルが相互に呼応しながら機能することが不可欠です。また，3つのサービス・サイクルのうちサービス管理サイクルが中心にあるのは，サービス理念サイクルとサービス実施サイクルが相互関係性の中で機能することを意図しています。

### 1）サービス理念サイクル

組織の中に利用者満足度を向上させるという方針があり，そのための施策を計画し実施していく取り組み全体を組織共通の価値観とするものです。こ

図1-1　各サービス・サイクルの相互関係

の価値観の具現化を通じて，利用者が満足することになります。そうすると，売り上げや利益が向上する可能性が出てきます。売り上げや利益が高まれば，働く人の給与が向上することが期待できます。

　これによって，一時的に働く人の士気が高まり満足する（Employee satisfaction）ことにつながります。さらに，働く人は利用者が満足するように施策を実施します。このような循環で機能する一連のサイクルを，「サービス理念サイクル」といいます。

### 2）サービス管理サイクル

　第2のサイクルは，「サービス管理サイクル」です。どのようなサービスをどの対象にどのような水準でどのように提供するのか。それも継続的に安定的に提供していくのか，という問いに対して実際的に具体的に解を導き出すサイクルです。この「サービス管理サイクル」は，3つのサービス・サイクルの中で全体を機能させる上で鍵となるサイクルで，次の4つのステップから構成されます。

　第1のステップは，サービスにおけるビジネス・モデルを設計し，目標と施策を組み立てることです。利用者に対してあるアクティビティを企画する等については，一つの好例です。第2は，目標達成へ向けて人の活動と物的資源を編成し動員して活用するステップです。第3は，サービスを均質的に安定的に提供する仕組みをつくるステップです。第4のステップは，サービ

ス利用者からフィードバックされるサービス評価表を設計し，アンケートやインタビュー等の調査を実施して，その評価結果を次の目標設定にフィードバックすることです。

### 3）サービス実施サイクル

実際に「業務遂行のコアとして位置づけられるサービス」と「サブ的に位置づけられるサービス」を提供するサイクルのことです。たとえば，レストランにおける「サービス実施サイクル」は次の通りです。レストランを訪れた利用者のお出迎えに始まり，クール提供，オーダリング，ドリンク等の先出し提供，料理提供，中間の片付け，喫茶等のアフター提供，レジ会計，お見送り，最終の片付け，待機，というように，一連の機能や活動を組み立てて効率的に実施するサイクルです。

介護の場合はどうでしょうか。利用者の視点に立つと，入所の場合，受付からスタートして，第3章で取り上げるナラティブ（物語）に関するヒアリングを行います。その後，入所するかどうかの意思決定をして，入所することになれば受け入れの準備をします。利用者が，早く施設や介護者，他の入所されている方々に慣れるように働きかけます。いち早く日常生活のリズムをつかめるように配慮することが大切です。介護の場合，サービス実施サイクルを回せるようになるには，利用者を理解して働きかけることが重要です。

## （6）CS 活動

CS（Customer satisfaction）活動は，本来的には「顧客が満足する」ための活動のことです。では，どのように捉えたらよいでしょうか。また，その限界は何か。ご一緒に考えてみましょう。

### 1）満足の概念

サービスには，満足という概念が適合します。なぜなら，サービスは利用者の不足や必要などの欠乏動機に対応する行為だからです。したがって，ニーズ（Needs）という言葉が適合します。CS 活動で大切なことは，「顧客

が満足する」ことです。しかしながら，現状では「顧客を満足させる」ことを目指して CS 活動が行われている場合が少なくありません。大切なことは，「顧客が満足する」ことなのです。サービス享受者の期待に対してサービス提供者が行う行為がかみ合えば，顧客が満足したと解釈することができます。もし利用者の期待に対して介護する人が対応できなければ，利用者は不満足な感情を持つことになるでしょう（表2-5参照）。

　また，利用者は施設側が思うほど満足しているとは限らない場合についても考えられます。満足というほどではないが，近くにある他の施設と比べて良いからという理由で妥協し選択している場合があるからです。その上にサービス提供が形式的で義務的に行われているとしたら，利用者は自らが満足するどころか，怒りの感情をあらわにして敵意（Hostility）に基づいた敵対的な行為をとることになります。

### ２）効率性の追求

　サービスは前述した通り，効率性の追求が第一義的な目的です。このことから，その運営については当該業務を標準化してシステム化することを考え実施されます。また，具体的にはマニュアル化することが基本的な施策です。この背景には，誰がサービス機能を提供しようともその様子や仕上がり具合はいつも同じ水準で，しかも継続的に安定的に供給されることを中心的なねらいにしているということがあります。このように，合理性に存在理由をもつサービスのみでは，次々に新しいものに気持ちが向いたりする，多様な顧客の求めに応えることができないばかりか，ファン（Fan）やリピーター（Repeater）になることは考えにくいといえるでしょう。

### ３）一方向的な働きかけ

　またホストである介護者は，ゲストである利用者の限りない欲求充足に応えることについても限界があります。逆に，利用者が介護する人の都合による合理性のために不本意ながら従わざるを得ない場合についても同様です。これらのケースはどれも，介護者から利用者へ，逆に利用者から介護者への

一方向的な働きかけを通じて行われるものです。したがって，基本的には利用者の期待に応えることを通じて利用者満足のみを追求するサービス提供を目的にしたマネジメントでは，手詰まりの状況になるといえるでしょう。

　なぜならば，一方向的な理解に基づく働きかけであって，個別的にその人の特性を考慮していないからです。決められたことを決められたように行うこと，また自らが決めたことを決めたように行い続けることだけでは，次第に人間の個性や創造性を失わせることになります。さらには，機械的で心からの行為とはならない傾向に陥る危険性をも内包しているといえます。すなわち，個々人が行う心遣いや心配りは，介護経営にとって非効率的な働きかけであるとして排除されることも考えられるのです。

### 4）サービスの限界

　サービスはモノとは異なり，その生産と消費については同じタイミングで行われることから，介護者と利用者の立場の違いこそあれ，共に人間が担い，互いの関係のあり方がその成否を左右することになります。その点，利用者を満足させる視点から役に立つことを一方向的に行うサービス活動のみでは，利用者の心をつなぎとめて離さないといったことにはなり得ないことも想定されます。すなわち，サービスの無人化など，双方向の関わり合いよりは効率性を重視した一方向的な働きかけが見受けられます。リピーターにはなり得ない可能性が出てくることが考えられるのです。

　また利用者に提供する前の段階として，介護経営としてコンセプトやビジネス・モデルなどをはじめ，形ある商品と形のない活動・機能を組み合わせて創造しておくことが何よりも望まれていることです。したがって，今後は，人間が本来持っている「心」を働かせ，「頭脳」を駆使して，各人のやりがいや働きがいにつなげていくことを考えていく必要があります。<sup>(4)</sup>

### 5）サービスを超えて

　このように，サービス概念のレベルを超えたマネジメントが必要になります。筆者がサービスを超えるという意味において，想定している概念はホス

ピタリティです。その理由は，ホスピタリティを適用することで人間の存在
そのものを説明することが可能だからです。また，ホスピタリティ概念は一
人ひとりの人間を個別的に捉え対応する概念だからです。その点，ホスピタ
リティ概念によるマネジメントの実践に可能性を見出すものです。介護者と
しては，「満足する」と「歓喜する，感動する，感激する，感謝する，驚嘆
する，魅了する，堪能する，感涙する，感銘する」とは明らかに峻別してお
く必要があるでしょう。しかしながら，これらの議論の前提として忘れては
ならないことは，継続的で安定的なサービス活動・機能が基本的な条件とし
て整っていることです。そこのところが行われて，初めてホスピタリティの
実践が安定的に可能になります。

## ４　ホスピタリティは人間による活動が対象

　では，ホスピタリティの前提は何でしょうか。それは，人間一人ひとりで
は限界があるということを前提にしています。どういうことでしょうか。

### （1）複数人で一緒に取り組む

　私たちは知識を取ってみても，経験を取ってみても，それ自体では一人ひ
とりの知識であり経験でしかありません。ホスピタリティでは，それらバラ
バラな知識や経験等をつなげて，1＋1が10にも100にもなるように考え，
働きかけ，動くことを第1にしています。それは，知識・経験をもつ複数人
が一緒に取り組むことで，当初は予想だにしなかった成果をもたらすことが
できるからです。

　その複数人による活動プロセスの中で相互関係を形成して，人と人の相互
作用や相互補完が生まれ，相乗効果が高まる点がホスピタリティ実践の最大
のメリットです。すなわち，ホストとゲストの双方が，「えっ！そんなこと
までやれるのか！」と驚きの声をあげる場面を想定しているのです。このこ

とを社会科学では発生的特徴（Emergent factors）といいます。いわば、「三人寄れば文殊の智慧」の実践であると理解することができます。西山によれば、「『三人寄れば文殊の智慧』は、バラバラの三人がただ寄せ集めた『全部』からは『文殊の智慧』も出てこないが、それらの三人が『全体』を構成して、お互いに影響し合い作用し合うと、『文殊の智慧』が出てくる」と考えられます（西山 1982：189）。また、そのようなプロセスを通じて人間は成長していきます。まさに、ホスピタリティマネジメントが目指す所だといえます。

### （2）ホスピタリティの実践へ向けて

　ホスピタリティの実践において最も重視している点は、ホスピタリティ概念のルーツから以下の3点です。

#### 1）自 律 性

　自らの意思で考えて行動すること。これを「自律性」といいます。今は何かを与えられている立場ではあるが、今度は自らの意思で与える人になることを意味しています。また、今は支えられているが、次回は支える人になることを意味しています。これが、自律性の本質です。

#### 2）交 流 性

　しかし、人間は前述した「自律性」のみでは独りよがりになる傾向があります。そこで、関係者に働きかけ交流して共感性を高めることが大切です。言い換えれば、「交流性」を重視しているといえます。そして、信頼関係を取り結ぶことが目的です。

#### 3）対等性・補完性

　さらには、人間と人間の関係は基本的にはホストとゲストの二者間で成り立ちますが、この関係は各人の目線の高さが同じで相互補完的であるということ、すなわち人間としての「対等性」とともに、「相互補完性」を重視しています。

　前述した「交流性」には，実はもう一つの重要なメッセージが隠されてい
ます。それは，ゲストを招く側が踏まえておかなくてはならないメッセージ
です。つまり，招かれるゲストは潜在的に敵意（Hostility）を持っているか
もしれないという点です。敵意が顕在化すると，戦いになります。まずは，
その戦いを回避することが緊急課題です。戦いを回避することで，いろいろ
な可能性が生まれてくるからです。そのため，初期の働きかけについては最
も留意しなければなりません。要するに，相手が好意・好感の感情を持つよ
うに働きかけなければならないのです。

　この初期の働きかけが，その後のすべてを決定します。そのためにはゲス
トに対しての働きかけについては，用意周到に準備しておかなくてはなりま
せん。準備しておくということは，それだけ相手を尊重し重視していること
の表れでもあります。このように，前述した「交流性」には少し教訓的な
メッセージが隠されているのです。ホスピタリティ概念については，属性分
析を行った結果，「ホスピタリティの特性」「ホスピタリティ人財」「ホスピ
タリティプロセス」「人間観」などが明らかになりました（吉原編著 2014：24-29）。

　また，ホスピタリティについては，「主体が自律的にアイデンティティの
獲得を目指して自己を鍛え自己を発信しながら（自律性），他者を受け入れ交
流して（交流性），信頼関係づくりを行い互いに補完し合って社会の発展に貢
献する価値を共創する活動（対等性・相互補完性）である」（吉原編著 2014：
29）と定義することができます。


## （3）自律性の見極め

　自律性については，次の6点を見極めることが重要です。

①　自らがはっきりとした意思を持っていること。
②　当該テーマについて一定の知識と理解，経験，実績などがあること。
③　どこからも影響を受けないで自らが決定したという実感があること。

④　自らが，頼りにできるつながり・ネットワークを分散的に有していること。

⑤　自らが心身ともに安定していること。

⑥　自己理解に努め励んでいる。つまり，アイデンティティによって自己肯定感を高めようとしていること。

### （4）ホスピタリティの中のサービス

　また，ホスピタリティは経済的な活動を否定するものではないことも踏まえておく必要があります。組織を立ち上げると，いかに継続させるかに神経を注ぐことが求められます。組織が存続していくには，運営するための資金が必要になるからです。

　しかし，その金額を最大化する必要はなく，存続するに足るだけの適正な利益があれば，組織は永続していく可能性が高まります。自己利益の最大化のみを指向することで，安全性の観点からみて必要なコストさえも削減することだけは避けなければなりません。それは，不祥事の温床になることも考えられるからです。ホスピタリティは，人間が行うあらゆる活動を対象にしています。芸術・芸能などの文化活動やボランティアなどの社会活動，さらにはまちづくりにも適用可能です。それに対して，サービスは経済的な活動を対象にしているといえるでしょう。このように考えると，「ホスピタリティの中のサービス」と表現することができます。

## 5　「三方よし」はホスピタリティのこと

　近江商人の経営理念である「三方よし」は，「買い手よし」「売り手よし」「世間よし」を目的にしていることでよく知られています。一体，ホスピタリティとは，どのような関係があるのでしょうか。以下，表1-1を基に解説します。

表1-1　「三方よし」とホスピタリティの関係

| よし | 買い手よし | 売り手よし | 三方よし |
|------|-----------|-----------|----------|
| 概　　念 | サービス | おもてなし | ホスピタリティ |
| 主　　義 | お客様第一主義 | 経営（者）第一主義 | 自他相互成長主義 |
| ルーツ | Servus | 「もて」と「なし」 | Hospes |
| 意　　味 | 仕える | 手段・方法と結果・成果 | 一緒に，互いに，共に |
| 内　　容 | ◆一方向的<br>◆こと・活動・機能<br>　（有形財との組み合わせ）<br>◆滅私奉公に陥りやすい<br>◆自己犠牲の精神<br>◆ストレスフル<br>◆クレーマー<br>◆満足させる<br>◆直接的に対価を要求する経済的活動 | ◆目的・意図，手段・方法，は経営者のみコントロール<br>　（ゲストからすると，ブラックボックスの中）<br><br>◆経営者の都合が優先され，自己都合で変えられる<br>◆組織の不祥事に陥りやすい | ◆自律，意思<br>◆交流，共感性<br>◆対等・補完，達成推進，やり抜く<br>◆複数人で一緒に共創する<br>◆価値共創<br>◆活私利他<br>◆相互歓喜<br>◆感動・感激・感謝・驚嘆・魅了・堪能・感涙・感銘など<br>◆生活全般が対象，信頼関係を取り結ぶ人間的活動 |

## （1）ホスピタリティ概念のルーツと活私利他

　前述したように，ホスピタリティについて調べてみると，ラテン語の「Hospes」がルーツであることがわかります。「Hospes」は，ゲストを意味する「Hostis」とホストを意味する「Potis」の合成語です。しかも，この二者間は基本的に人間として対等に補完し合う関係にあるといえます。ホスピタリティは，何を目指しているのでしょうか。それは，関係する人がお互いに成長し合い，お互いに幸せになることが目的だといえます。

　そこで，ホスピタリティについて日本語で表現するとどうなるでしょうか。長年の研究成果から，筆者は「活私利他」という表現に行き着きました。「活私」は，自分を活かすことで，もっと言えば，どんどん自らの能力を発揮することを意味しています。一方「利他」とは，他者が利するという意味で

す。この 2 つの単語をつなげると，「他者が利益を享受し喜び幸せになるように，自らの能力を発揮する」ということになります。そのように考えると，三方よしの考え方とホスピタリティの考え方は，一致していることがわかります。三方よしは，ホスピタリティが目指している自分も他者もお互いに成長する「自他相互成長主義」の考え方で，同じ方向へ向かっているといえます。

### （2）おもてなしの DNA

　ホスピタリティとよく混同されている「おもてなし」はどうでしょうか。「お」は丁寧を表わす接頭語です。「もて」は手段・方法であり，「なし」は成しと書いて何を成し遂げるのかの結果や成果を意味しています。平安時代の『源氏物語』の中にも出てくる言葉です。荘園領主が訴訟を起こされた場合に，事を穏便に済ませようと相手に金品等を贈る行為が，その語源です。そして，その費用の一部を農民に負担させていました。鎌倉時代，室町時代になると，農民による費用負担はますます重くなっていきました（服部 1994）。実は，おもてなしの DNA はここにあります。

　もてなす目的や意図は何か。何をもって，もてなすのか。経営サイドの都合によって行われる傾向があります。このことはゲストから見ると，経営者の意図などはブラックボックスの中にあり，よくわからないのです。したがって，「経営（者）第一主義」に傾斜する危険性があるといえます。三方よしとの関係でいいますと，「売り手よし」が行き過ぎてしまうのです。言葉の発音上のことですが，「おもてなし（表なし）」ですから「裏（うら）あり」で言行不一致が起こる場合があります。時間が経過する中で，経営サイドの意図があらわになり，ゲストはがっかりして失望することになるかもしれません。その結果，本心がわかった瞬間に，客離れの現象が見受けられるようになります。

## （3）経営の都合で安全性を軽視する

　また，経営は自己利益を最大化するという動機の下，事業の生命線である「安全性」を犠牲にすることが起こるかもしれません。さらには，ゲストに対して押しつけが起こるようになるかもしれません。これらは，経営者の都合で何とでもなります。したがって，企業による不祥事の温床になり得るのです。

　たとえば，「裏あり」のおもてなしの典型的な例としては1982年2月8日に発生したホテルニュージャパンの火災事故があります（「日本経済新聞」2019年10月28日付朝刊）。経営（者）の都合で，33名もの尊い命が奪われました。安全性という価値をまったく無視した人災でした。現場検証で数々の事実が明らかになりました。「スプリンクラーはあるが水道管とつながっていない」「隣の部屋との間の壁には断熱材が使用されていない」「防火扉は開閉しない」「人員が減らされていた」「火災訓練をしていない」など，経営都合の「裏あり」で安全性を犠牲にして，コスト削減が行われていました。事業を行う資格がない典型的な事例の一つです。

## （4）サービスには「仕える」という意味がある

　では，サービスはどうでしょうか。前述したように，元々「仕える」という意味があり，お客様第一主義に陥る傾向が見受けられます。すなわち，三方よしの中の「買い手よし」が行き過ぎてしまうのです。したがって，世間よしについては無視ないしは軽視される傾向があります。経営者が「身を粉にしてお客様に尽くしなさい」と言うことで，働く人は長時間労働を強いられるようになります。またゲストは，自らの期待に照らして至らない点を見つけてはクレーマーになります。すなわち，対価を求めるサービスのみでは，ますますストレスフルな社会になっていくことが考えられます。

## （5）自己犠牲の精神と滅私奉公

　これに拍車をかけている考え方があります。それは，自己犠牲の精神です。

日本においては経営管理者が強調する傾向にあり，何か美しいことのように考えられがちです。十分に気を付けなければなりません。働く人が創造性を発揮するどころか，肉体的にも精神的にも摩耗していく危険性をはらんでいるからです。自分を活かすという発想に立たなくては，これからのイノベーションは成り立ちません。また，1980年代まで声高に言われてきた滅私奉公の考え方にも気を付ける必要があります。献身的に尽くすことが美徳であると主張し，滅私の精神を強調してきた経緯があります。介護についても，介護サービスとのみ表現している場合には注意が必要です。第2章10を参照して下さい。また，第4章ではこの点について，事例を基に解説します。

### （6）「サービス」「おもてなし」「ホスピタリティ」の違いに着目する

　このように考えてくると，それぞれの概念を明確にするということは，行動を規定することにつながるので，重要です。私たちが働く上で，何をどのように行えばよいのかに関係しているからです。また，マネジメントの担い手である経営管理者による教育・指導の基準としても明確にしておく必要があります。私たちが生活する上で，本来，人間として当たり前の「ホスピタリティ」に回帰する時だといえるのではないでしょうか。またサービスの意味を問い直し，位置づけ直す時期に来ているのではないでしょうか。表1-1は，「サービス」「おもてなし」「ホスピタリティ」の違いについて対比したものです。表1-1を拠り所にして，日頃，どの言葉をどのような意図で使用しているのか，何に重きを置いているのか，どのような時に使用しているのか等を紙に書き出して，ぜひ自己点検してみて下さい。

## 6　ホスピタリティとサービスの関係

　これまでの議論を踏まえ，ホスピタリティとサービスについて比較すると，表1-2のようにまとめることができます。たとえば，病院において医師と

表1-2　サービスとホスピタリティの関係

| 項　　目 | サービス概念 | ホスピタリティ概念 |
|---|---|---|
| 目　　的 | 効率性の追求 | 新価値の創造 |
| 顧客価値 | サービス価値 | ホスピタリティ価値 |
| 人間観 | 道具的 | 価値創造的 |
| 人間の特徴 | 他律的・受信的 | 自律的・発信的 |
| 関係の<br>あり方 | 上下・主従的 | 対等・補完的 |
| 関わり方 | 一方向的で固定化している | 共に存在し働きかけ合う |
| 組織形態 | 階層的 | 円卓的 |
| 情　　報 | 一方向・伝達的 | 共感的・創造的 |
| 文　　化 | 集団的・統制的 | 個別的・創発的 |
| 成　　果 | 漸進的 | 革新的 |

患者の関係がサービス概念に基づいて一方向的で固定化されている場合には，両者の共通目的である病気の治癒や QOL（Quality Of Life）について相互参加で行えないことを意味します。その点，ホスピタリティを実践する方向へ進むことが欠かせないといえるでしょう。それは，個別的で双方向的であることから相互理解が進むからです。ホスピタリティとサービスの関係については，以下の４つで捉えることができます。

## （1）包含関係

　ホスピタリティ概念は，「自律」「交流」「対等・補完」といったキーワードで説明することができます。すなわち，これらのキーワードは人間の存在そのものを説明する時に使われます。人間が活動していく上での本質であるといってもよいでしょう。したがって，生活全般がホスピタリティの対象です。一方，サービス概念はそのルーツが意味するところの一方向性で，そこから効率性の向上を目指す概念であると捉えられます。この活動については経済的な動機に基づく経済的な活動として捉えられ，人間が行う活動の一部

だといえます。このように見てくると，サービス概念はホスピタリティ概念の中に包含される関係にあるということができます。

### （2）補完関係

　私たちが，この文明社会の中で生きていく上で欠かせないものとは何でしょうか。いろいろと考えられますが，まずは水と油があります。両者はまったく性質が異なるものですが，人間が生存していくためには，どちらがより重要でしょうか。それは，水です。そういう意味では，ホスピタリティ概念は人間の本質を意味しているということから，「水」に該当すると考えられます。一方のサービス概念は「油」に該当します。現状においては私たちが生きていく上で，これまた欠かせない資源の一つです。したがって，それぞれの強みで補い合い一つのものを完成するという意味においては補完関係にあるといえます。

### （3）重複関係

　ホスピタリティとサービスが，すべてのケースにおいて水と油のようにはっきりと分かれているかといえば，そうではありません。それは，日々の仕事を捉え直してみると，重なり合っている場合も見受けられるからです。顕著な例としては病院の待ち時間があるでしょう。現状では待ち時間が長くなることから患者は困っていても我慢しています。多くの病院では，いまだ有効な手を打つことができていません。患者はどうにかしてほしいと願っているだけに，待ち時間の短縮化が実現した時には高く評価します。その点，願望価値であるといえます。また同時に，日常的に当然期待しているという点では，期待価値でもあります。このような場合には，サービスとホスピタリティは重複関係にあるということができます。これからの経営を考えると，第一義的にはゲストが困っていることを困らないようにすること，また我慢していることを我慢しなくて済むようにすることが求められています。第2

章2で出てきますが，筆者は期待価値（Expected value）は基本価値（Basic value）とともにサービス価値に，また願望価値（Desired value）は未知価値（Unanticipated value）とともにホスピタリティ価値として峻別し，それぞれを位置づけています（Albrecht 1992：112-115）。

### （4）相違関係

　両者の概念ルーツ（語源）からいえることとは，何でしょうか。まったく性質が異なる概念だといえます。そのこと自体，対称関係にあるといってもよいでしょう。学術的な見地に立つと，2つの概念の出処・原点の相違は顕著です。表1-2にある通り，2つの概念はそのルーツから「目的」「顧客価値」「人間観」「人間の特徴」「関係のあり方」「関わり方」「組織形態」「情報」「文化」「成果」に至るまで相違関係にあることがわかります。しかし，忘れてはならないことは，この両者は二項対立の考え方ではないということです。これまで見てきたように，包含関係，補完関係，重複関係に位置づけられるということです。そのような意味において，両者はどちらも必要不可欠な概念だといえます。したがって，二項両立の関係として捉えられます。

## 7　ホスピタリティを実践する人財の特徴

　さて，三方よしを目的にして活動する人間は，ホスピタリティを実践する人間・人財であるということができます。さて，どのように考え描くことができるでしょうか。それは，ホスピタリティ概念のルーツに手がかりがあります。前述した通り，ホスピタリティは，「自律性」「交流性」「補完性」の3つの要素で説明することが可能です。それぞれの源泉は，以下の3つの領域から考えることができます。ホスピタリティを実践する人間・人財はこの3つの領域を持っていて，自分でバランスよく育て発揮する存在であると捉えられます。筆者は，「ホスピタリティ人財」と表現しています（図1-2）。

図1-2　ホスピタリティ人財が持つ3つの領域

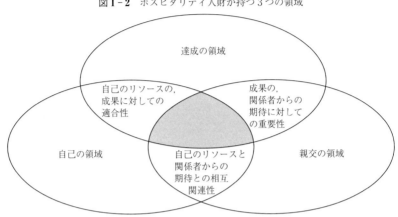

以下，図1-2を基に，ホスピタリティ人財について解説します。

## （1）自己の領域

　自己とは，自分と向き合い，自らの無意識（気づいていないところ）も含めて自らの想いや考えを明らかにする領域のことです。また，それを整理してまとめ，関係者に向けて効果的に発信する領域だといえます。それゆえ，自律性の源泉であり，他者に影響力を与えるリーダーシップの源泉として捉えることができます。自己の領域の背景には，次の4つの視点があります。これらの各要素は，第2章で説明する「人間価値」の構成要素でもあります。自己を効果的に表現するためには，自己点検をして見極めることが必要です。

　①　気質（Temperament）・性格（Character）。
　②　対人関係上の行動傾向（Personality）。
　③　好きなこと，得意なこと，興味・関心のあること。
　④　具体的な経験内容，実績，才能，知識・技術，特技，資格など。

## （2）親交の領域

　関係者を受け入れお互いに交流し合って，共感性を高め広げる領域です。交流性という態度の源泉は，ここにあります。人間は，組織内外において関係者と親しく交流することを目指しています。交流することで自らの独りよがりな想いや考えなどが客観化できるとともに，信頼関係を取り結ぶことを目標にしています。

## （3）達成の領域

　私たちは交流の領域による働きかけによって，お互いに学び合い，信頼関係を確かめ合い，お互いに人間として対等なパートナー関係を築くことができます。お互いの持ち味を出し合い補完し合って，新たな価値を共創する源泉がこの達成の領域にあります。関係者と共通の目的・目標へ向かって補完し合い，お互いに達成推進して，ゴールに到達するまでやり抜く領域です。

## （4）3つの領域とホスピタリティの実践

　木に例えると，自己と親交の各領域は根っこの部分に当たります。達成の領域は幹であり枝ぶりであり，果実に相当します。したがって，私たちは日々，根っこを育てながら，多くの果実を手に入れるために活動しているのです。このような活動を通じて，私たちは意識的にホスピタリティ力を成長させているといえます。

## 8　ホスピタリティを実践する人間観

　筆者は，ホスピタリティ人財を「価値創造人」とも表現しています。また，価値創造人がホスピタリティ人財でもあります。人間にはその時々で他者との関係が生まれ，その関係の中で瞬時に「Giver（与える人）」と「Taker（与えられる人）」に分かれます。価値創造人は，基本的には「Giver」です。つ

まり，意志をもった「Giver」であるといえます。

　では，価値創造人の要件とは，どのように捉えることができるのでしょうか。以下の7点に要約することができます。これら7点を通じて，何がいえるのか。人間はどういう存在なのか。ホスピタリティではどのように考えることができるのか。このような問いに答えていく中で，色々な問いがどんどん出てきます。

### （1）寛大に友好的に受容する

　人間は，お互いを寛大に友好的に受容し合って共存する。すなわち，これからどうあるかを考え合う関係づくりを行う存在です。その際には，お互いに各自の立場・役割等の違いについて敏感に気づき，認め合い，人間一人ひとりとして対等な関係を維持し継続させることに意義を認めます。キャリアが異なる等の異文化に対しては，それを受け容れ，忍耐強く双方向のコミュニケーションを行う存在です。

### （2）オープンに率直に交流する

　人間は，自らの意志を明確に持ち自らの言葉で語ることを前提にして，関係者とオープンに率直に交流し合い，共感し合い，共に学び合う存在です。そのような営みの中から生まれる信頼の感情をベースにして，各人が力を尽くし，お互いに力を出し合い心を合わせて，一体感のある場を創造する存在です。

### （3）関係者と共感する

　人間は，時間と空間の広がりを視野に入れて何が正しいことなのか，自らの心で感じ，自らの頭脳で考え，関係者と共感できる価値を共創する存在です。すなわち，関係者とともに目的を創造し，お互いが共有した目的を達成するために補完し合います。したがって，予定調和的な発想から脱して，ダ

イナミックで有機的な創発を促すプロセスを楽しむ存在です。

## （4）関係者とネットワークを形成する

民族，国籍，文化，性別，年齢（代），職業等に関係なく，組織内外の関係者とネットワークを形成し，自由に動き回って，異質性と出会い，異質性を許容し，それらを相互に連結して，知識創造を促進する存在です。すなわち，遊牧民的なあり方を提起し，場合によっては少し効率性とは縁遠いところの遊牧民的な行為を演出する存在です。

## （5）主体的に解決する

人間は，自律的な存在です。すなわち，まずは自立し，当該の事柄について精通し遂行にあたって，筋道を立てて考えることができるようになります。さらには自律化して，自らが軸になって果たしていこうとし，関係する問題が生じたり制約が顕在化したりしても主体的に解決し，関係者からの期待や要請に応えようとする存在です。

## （6）内発的な動機に基づいて成長する

人間は，賃金や昇進・昇格などの外発的な動機のみではなく，好きなことは何か，成し遂げたいことは何か，どのような時に最も幸福感を感じるのかなど，自分の居場所は自分で見つけようとする内発的な動機に基づく成長を重視する存在です。そして，自らの世界観・価値観をもって自らが担っている役割を果たしていこうとする存在です。

## （7）新たな意味や価値を共創する

人間は各々，どのように働く意味を形成していくのかについては異なる存在です。人間が存在する意味や目的は初めからあるのではなく，形成していくと考える方が妥当でしょう。すなわち，自らが自らと謙虚に向き合い自己

図 1 - 3

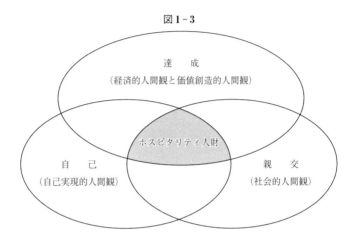

を方向づけるとともに，多様な価値観を許容し，お互いに一人の人格として
関係者と連携し新たな意味や価値を形成し共創する存在です。

　はっきり言えることは，ホスピタリティは，人間を一元的ではなく多元的
に捉え，「価値創造的人間観」に基づいている概念だということです。すな
わち，「複数の人間が一緒になって新たな価値を共創する」と考えられるの
です。ちなみに，前述したホスピタリティを実践する人財は，価値創造的人
間観に基づいてマネジメントする必要があります。
　では，ホスピタリティ人財を前述した 3 つの領域に当てはめてみると，ど
のようなことがいえるのでしょうか。図 1 - 3 にある通り，自己の領域は，
自己実現的人間観に基づいていることがわかります。また親交の領域につい
ては，社会的人間観に基づいているといえます。では，達成の領域はどうで
しょうか。これまでに，組織が存続していくためには適正な利益が必要だと
解説しました。達成の領域は 2 階建てとして捉えられます。すなわち， 1 階
部分は，組織が存続するに足るだけの適正な利益を得るという意味での経済
的人間観に基づいているといえます。もう一つは 2 階部分でホスピタリティ

の真骨頂でもありますが，前述した価値創造的人間観に基づいていると捉えることができます。なお，自己実現的人間観，社会的人間観，経済的人間観，価値創造的人間観などは，人間が働く動機について述べたものです（高柳ほか編 1993）。


注
(1) 古代イタリア北部の先住民族であるエトルリア人が使用していた言語です。今は使われていません。エトルリア語からラテン語が派生しました（梅田 1990）。
(2) 前田（1995：20-21）は，「サービスを構成している要素は，基本的に“機能的な面”と“情緒的な面”とに大別することが可能である。ここでいう“機能的な面”とは，多くの人が共通して認めることのできる“はたらき（便益供与）”であり，この面を『機能的サービス』と呼ぶ。これに対して，“情緒的な面”とは，サービスの“やりかた”に関するものであり，その中心をなしているのは利用者に対する提供者の“人的対応”である。“やりかた”については，“はたらき”の面とは異なり，「よい」と感じるか「わるい」と感じるかには個人差や状況差があり，何をもってサービスと捉えるかについても個々人による違いがある部分である。このような面を『情緒的サービス』と称して区別する」と述べています。
(3) サービス概念のルーツとサービスの無人化・自動化に関する客観的な現象については方向性が一致しています。すなわち，効率的で一方向的な理解に基づいた提供になっているといえます（近藤 2012；佐藤 1995）。
(4) 筆者は「心を働かせる頭脳労働」と表現しています。


**参考文献**

梅田修（1990）『英語の語源事典——英語の語彙の歴史と文化』大修館書店。

近藤隆雄（1995）『サービスマネジメント入門——ものづくりから価値づくりの視点へ 第3版』生産性出版。

佐々木茂・徳江順一郎（2009）「ホスピタリティ研究の潮流と今後の課題」『産業研究』（高崎経済大学附属研究所紀要）44(2)，1-19頁。

佐藤知恭（1995）『「顧客満足」を超えるマーケティング——企業は消費者から選ばれている』日本経済新聞社。

清水滋（1968）『サービスの話』日本経済新聞社。

高柳暁・飯野春樹編（1993）『新版 経営学（2）——管理論』有斐閣。

西山千明（1982）『大転換期を生き抜く哲学——第4の選択』PHP研究所。

西山千明（1991）『新しい経済学——世界のための日本の普遍性』PHP研究所。

日本生産性本部ホームページ（www.jpc-net.jp/，2019年12月5日アクセス）。

野村清・田中滋監修（1983）『サービス産業の発想と戦略——モノからサービス経済へ』電通。

服部勝人（1994）『ホスピタリティ・マネジメント——ポスト・サービス社会の指標』学術選書。

前田勇（1995）『サービス新時代——サービス・マネジメントの革新』日本能率協会マネジメントセンター。

吉原敬典（2005）『ホスピタリティ・リーダーシップ』白桃書房。

吉原敬典（2012）「ホスピタリティマネジメントの構造に関する一考察」『目白大学経営学研究』10。

吉原敬典編著（2014）『ホスピタリティマネジメント——活私利他の理論と事例研究』白桃書房。

吉原敬典（2016）『医療経営におけるホスピタリティ価値——経営学の視点で医師と患者の関係を問い直す』白桃書房。

鷲田清一（2001）『弱さの力——ホスピタブルな光景』講談社。

Albrecht, K. (1992) *The Only Thing That Matters*, Harper Collins Publishers.（＝1993, 和田正春訳『見えざる真実』日本能率協会マネジメントセンター。）

Albrecht, K. & Zemke, R. (1985) *Service America!*, Dow Jones-Irwin.

Brotherton, B. (1999) "Hospitality management research ; Towards the future?" in Brotherton, B. (ed.) *The handbook of contemporary hospitality management research*, John Wiley & Sons.

Delaunay, J.-C. & Gadrey, J. (1992) *Services in Economic Thought :* Three Centuries of Debate, Kluwer Academic Publishers.（＝2000, 渡邉雅男訳（2000）『サービス経済学説史——300年にわたる論争』桜井書店。）

Morrison & O'Gorman (2006) *Hospitality studies ; Liberating the power of the mind`*, CAUTHE, Merbourne.

Yoshihara, K. & Takase, K. (2013) "Correlation between doctor's belief on the patient's self-determination and medical outcomes in obtaining informed consent," *Journal of Medical and Dental Sciences*, 60(1), pp. 23-40.

（吉原敬典）

## コラム1　うわべとホンネのホスピタリティ

　私は，広告会社のクリエイティブプロデューサーとして働いています。商品の CM を制作したり，企業ブランディングを立案する仕事を36年続けています。ほぼ 10年前，某企業から「老人ホーム」を作る相談を受けました。高齢化が進む中，高級 老人ホームを建設すれば利益を得られる。得意先から，それを立証するデータを示さ れながら，「老人ホームのブランディングをお願いしたい」と依頼されたのです。

　早速，私たちは調査に乗り出しました。基礎的なデータは十分に揃っている。足り てないのは定性的なデータ。それも生身の生活者の声が不足していました。そこで， まずは高齢者の集まる東京巣鴨の「とげぬき地蔵」へ，3歳下の女性スタッフと一緒 に向かいました。公園にはたくさんのご老人がいます。みな元気そうに，家から作っ てきたおにぎりを食べながら談笑していました。

　その輪に入って，話を聞かせてほしいとお願いすると，「あんたたち夫婦？　いや， 夫婦じゃなくてもいいけどさ。若くて『やれる』うちに『やっといた』方がいいよ。 『やれなくなる』と必ず後悔するから」という「露わな」言葉が飛んできました。と ても品のよいご婦人だったので驚いていると，男性からも「そうだよ。若いうちにし かできないことが一杯あるんだよ。なんでも，できるうちにやっておいた方がいい」 と言われました。

　それは決して，冷やかしでも卑猥な言葉でもありません。まじめに，そして真剣に 私たちに大切なアドバイスをしてくれているのです。「老い先短いと思うとね。本音 しか言わなくなるものなんだよ。飾っていてもしょうがないでしょ」とにっこり笑う 別の老婦人。彼らは皆，一緒に暮らす家族の中では言えない本音を吐き出しに来てい ました。

　また，ある時はこんな経験をしました。都心から2時間半は離れた高級老人ホーム です。海が見えます。広間には大きな暖炉がありました。トレーニング施設もあり， 図書室には立派な写真集も並んでいました。

　一人でここに住む男性に声をかけると，「ここでは話しにくいから，部屋に来ない か」と誘われました。入るととても清潔にしている。驚くと，「なに，部屋をきれい にしてもらうにもシーツを変えてもらうにも，みんな高いお金を払うんですよ」と不 服そうに語りはじめました。

　そして，「ここではね。仮面をかぶって生活しなくちゃいけないんです。男はね， 家族の話と会社時代の肩書と自慢話したら，まず嫌われます。今は『韓流』がブーム でしょ。正直私は好みじゃない。でも，それを口に出して言った男性は女性陣から総 スカンです。言いたくはないが，私だって現役の時は会社でそれなりのポジションに

いました。それがなぜ，こんな不自由な生活をしなければならないのか。過去の栄光が，全部仇になってくるようなものだ。そんなのおかしいでしょう。でも嫌われたら終わりですからね。死ぬまで小学生みたいなイジメに遭うと思うとぞっとします」と，一気に思いの丈をぶちまけるかのように話されました。

　こうした高齢者の声を１年近く聞いて回りました。しかし，調査を踏まえ採算を計算した結果，「老人ホーム参入」は見送りとなりました。もちろん，インタビューのせいではありません。景気が思わしくなかったこと，ノウハウ不足，採算がとれないことなど色々な理由がありました。

　私には，担当者の「老人は難しい」という言葉が印象に残りました。また，彼は「価値観も習慣も喜怒哀楽のポイントも違う。『満足』のゴールも違う」とも語りました。２年前に「ホスピタリティ」の勉強を始めた時，頭をよぎったのは，当時の老人ホームでの取材経験でした。それは，以下のような課題でした。

　　①　高齢者の「本音」と向き合うことができるのか。
　　②　高齢になって，見知らぬ者同士が暮らすコミュニテイを形成するにはどうすればよいのか。
　　③　生きてきた過程も価値観も全く違う人とマンツーマンのホスピタリティを実現していくことは可能なのか。
　　④　ホスピタリティは，生産的な産業になりうるのか。
　　⑤　こうした現実を社会に知らしめるにはどうすればよいか。

　このような課題が次々と浮かぶ中で，私はサラリーマンを続けながらホスピタリティマネジメントを学びはじめました。

　この取材から10年。当時とは高齢者に対する社会の意識や介護のありようも変化しています。私自身，２年前に母が老人ホームに入り，自分の定年退職も間近に迫ってきました。当時，「他人事」だった高齢社会のとば口に，今，立たされています。10年前の課題は何も解決されてはいません。さらにデジタルテクノロジーの進化で，私たちの生活は未体験のゾーンにつき進んでいます。

　これから時代に合わせた「ホスピタリティ」が求められている。すなわち，私たちの人生観と社会システムの再構築を求められている。その答えを早急に出さなくてはならないところに日本は来ているというのが，私の実感です。

　　　　　　　　　　　　　　　　　　　　　　　　　　　（ひきたよしあき）

| 第2章 | 価値の再構築と自発性の発揮 |
|---|---|
| | ——ホスピタリティマネジメントの<br>　　運用法とフレームワーク |

　本章では，ホスピタリティ概念を使って，いかにマネジメントしていくのかについて考えてみましょう。まず読者の皆さんにつかんでいただきたいことは，ホスピタリティについてどのように捉えたらよいのか。この１点です。この点について理解することができれば，これから大きな可能性が広がります。以下，そのエッセンスについて説明します。

## 1　ホスピタリティは接客のことか

　ホスピタリティとは，どういうことですか。接客のことですか。といった質問をいただくことがあります。このようなお尋ねに対して，筆者は「接客はホスピタリティ全体の中の一部です」と答えています。そして，次のように続けます。「製品・商品をどうするのか。ゲストからの求めに対してどう応えるのか。また，ゲストから求めがなくても他社に先駆けて行う企画開発などについても含みます」と答えるようにしています。ホスピタリティの実践対象は，形のあるモノ（製品・商品），形がない活動・機能ばかりではありません。人間・人財，建造物などの施設や設備・備品等の物的資源，また動物・植物や大気汚染などを含む環境へと広がっています。これらが，ホスピタリティマネジメントの対象です。

　このように考えると，対象は私たちが生活している全領域だということになります。具体的な事例研究の候補としては，観光，芸術・芸能をはじめとしたエンターテインメント，まちづくりなどが挙げられます。また，スポーツ，専門店，スーパーマーケット，百貨店，ブライダル，そして医療・介護

など，私たちが生活する領域全般が対象です。本書では，「介護」を対象に選びました。ちなみに，欧米では「泊まる」「食べる」「飲む」といったホテル・レストラン関係の事業を指している場合があります。

## 2　ホスピタリティを向上させる

皆さんは，ホスピタリティを向上させるとは，何をどのようにすることなのかという問いに対して，どのように答えるでしょうか。ホスピタリティについては，この点が人によってかなり差があります。

### （1）ホスピタリティという言葉の受けとめ方

たとえば，以下のような受けとめ方があります。

「親切にしてくれてホスピタリティを感じた」
「迅速に対応してくれたからうれしかった」
「店内がよく清掃されていて気持ちが良かった」
「料金体系がわかりやすく明瞭であった」
「手続きが便利で簡単だった」
「安全に配慮してくれていた」
「よく説明してくれたので安心することができた」
「日頃から困っていたことに手を打ってくれた」
「これまで我慢していたが我慢しなくてもよくなった」
「いつも一早く他がやっていないことに取り組んで喜ばせてくれるから利用している」

このように，いろいろな声がありますが，人によってその内容が異なっています。このような状態はある面，やむを得ないことかと思います。しかし

マネジメントするとなると，少し事情が異なります。また，働くとなるとはっきりさせたいところです。誰もが何をどうするのかについて頭の中で理解できて，行動できる状態へ導くことが肝要です。

図2-1　ホスピタリティは3つの価値に手を打つこと

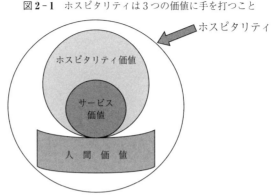

ではホスピタリティとは，何をどうすることなのでしょうか。筆者は，次の3つに手を打つことだと考えています。「価値」という言葉が付いているのは，ゲストが評価する価値が重要だという理解に基づいています（図2-1参照）。

## （2）人間価値

　人間にしか生み出すことができない価値の事で，礼儀・節度，態度，物腰，言葉遣い，ルール・約束事の順守，ポリシー，資格などを指しています。これらの要素は，経営の土台として位置づけます。たとえば，相手の話も聴かないで，「こうしましょうね」「このように考えたらいかがですか」と，一方的にどんどん話を進めていく人がいます。そのように追い込むのではなく，相手の言うことを待って聴く姿勢を大事にしたいところです。

　また少し前でしたが，これまでいろいろな経験をされてきた年配の人を子ども扱いしている場面を目の当たりにしたことがあります。言葉遣いや働きかけの中に相手を尊重する姿勢が見られなかったのは，ショックだったことを思い出します。介護するにあたっては特に相手を尊重し尊敬する基本姿勢が，次に説明するサービス価値やホスピタリティ価値との好循環サイクルをつくり出します。ぜひ留意しておきたいところです。

## （3）サービス価値

　サービス価値とは，より早く（速く），より安く，より多く，より簡単に，より便利に，より正確に，より確実に，より明瞭に，より清潔に，安全に提供される価値のことで，顧客が評価する価値です。経営の基本として位置づけられています。これらの価値は，事業を行うにあたって基本的に備えておかなければならない価値（基本価値）であり，ゲストが選択するに際して当然期待している価値（期待価値）のことです（Albrecht 1992：112-115）。また，ホストもゲストも，何をどのようにしたら良いのかについてはすでにわかっているという点で，期待やニーズは明らかで顕在化しているといえます。

　そして，サービス価値は日常的な活動においては「型」のようなものがあり，習熟すれば無難に行うことができるようになります。そういう意味では，想定内で確実に行えるものです。たとえば，「食事」「入浴」「排せつ」等の実際の介護がこれに該当します（第5章参照）。また，記録や会議など介護保険の指定を受けて行っている事業で法令に則って行う手続きについては，サービス価値に該当します。これらの直接的，間接的な業務にあたっては，さらなる効率化を図り，利用者のために多くの時間を確保することが求められています。

　また一方で，サービス価値に過度に傾斜すると，人間価値でいうところの相手に対して確認するという丁寧さが影をひそめ，機械的で義務的な働きかけに陥る傾向があります。すなわち，人が育たない危険性を含んでいることも踏まえておく必要があります。

## （4）ホスピタリティ価値

　多くの人が困っていることを困らないようにする。また，我慢していることを我慢しなくて済むようにする。いわばホスピタリティ価値とは，期待はしていないが潜在的に願望している価値（願望価値）のことです（Albrecht 1992：112-115）。ゲストは困っていて我慢しているが，ホスト側が叶えてく

れないので，すでにあきらめているかもしれません。この期待・ニーズについては，ホストもゲストも手を打つ必要性があると把握している場合がほとんどです。たとえば，利用者の不安感や不快感を軽減することなどが考えられます。

　しかし，もう一方で，他の施設がやっていないことにチャレンジする場合には，ニーズは想像できないばかりか，過去の経験が役に立たないことが少なくないのです。ゲストからすると，提供されれば「そんなことまでやってくれるの！」と驚くとともに歓迎する価値なのです。それは，ホストもゲストも期待や願望を超えてまったく予想できない価値（未知価値）であるといえます（Albrecht 1992：112-115）。ゲストもホストも気づいていない，言語化できないでいることをお互いが感じながら，また探り合いながら明らかにしていくことが求められています。この点は，これからの経営の重点であり経営のエンジンとして位置づけるものです。たとえば，子どもたちとの交流を促進するために介護施設の隣に保育所を併設する。また，信頼関係の中でその人らしく活動することができて，安心して生活できるようにすることなどが考えられます。筆者自身は茶道を学んでいる時に，サービス価値に該当するお点前について練習を重ねていくと，その中で心に余裕が出てきて周囲を客観的に見ることができている自分に気づくことがありました。ホスピタリティ価値へ向かう条件が整った瞬間だったといえます。

## 3　ホスピタリティマネジメントの定義と目的

　ホスピタリティマネジメントについては，「ホスピタリティ価値の創造と提供を主な目的にして，組織関係者を方向づけ，一体感を醸成して，プラスの相乗効果を生み出す活動である」（吉原編著 2014：57）と定義することができます。この定義にある目的は，具体性のレベルで以下の3つの次元に分けることができます。

表2-1　ホスピタリティマネジメントの目的

| 基本的な目的<br>0次元 | 1次元 | 2次元 |
|---|---|---|
| 組織関係者の<br>相互成長<br>相互繁栄<br>相互幸福 | 活私利他<br><br>価値共創<br><br>相互歓喜 | ゲストの主観的な評価<br>価値，喜び，利益を最<br>大化する<br><br>働く人の能力発揮を最<br>大化する<br><br>（組織の永続的な生存<br>可能性，およびゲスト<br>との共存可能性を共に<br>高める） |

## （1）0次元の目的

　ホスピタリティマネジメントは，何を目的にしているのでしょうか。表2-1を見て下さい。本質的には，組織に関係する人たちがお互いに成長し合うことを目的にしているといえます。すなわち，お互いが良くなることを目指しています。東京ディズニーリゾートは，ゲストに対して「Happiness」を提供することだと表明しています（株式会社オリエンタルランドホームページ）。そのことは同時に，キャストも幸福感を感じながら活動できているかどうかを問うているといえるでしょう。0次元の目的については，ホスピタリティマネジメントでは組織関係者の「相互成長」「相互繁栄」「相互幸福」と表現しています。ちなみに，ホスピタリティ概念を含まないサービス・マネジメントでは，「利益を増やす」を0次元の目的にしていると理解することができます。

## （2）1次元の目的

　0次元の目的を実現へ導いていくために，さらに3つの具体的な目的を明らかにします。それは，「活私利他」「価値共創」「相互歓喜」の3つです。

#### 1）活私利他

　活私利他は，1980年代まで多く言われていた滅私奉公や自己犠牲の精神を完全に否定し，ホスピタリティ概念を最も表現した言葉です。「自らの能力を最大限に発揮して，ゲストの喜びを最大化すること」という意味があります。たとえば，介護の現場で働く人は自らの専門的な知識や技術を最大限に発揮して，要介護利用者の自立・自律を応援し利用者に喜んでいただくことで，活私利他を実現しているといえます。ジェームズ・オトゥール（J. O'Toole）は，「どんな関係の双方にとっても有益でなければならない。その尺度はつねに，短期的な利益ではなく，長期的な自己利益と良心である。わが社は，他者がそれ自身の正当な利益を手にできるように援助することにより，他者を通じて自己の利益を探している」（O'Toole 1985 = 1986：169）と述べています。まさに，ホスピタリティマネジメントの方向性を示唆しているものといえます。

#### 2）価値共創

　前述した「人間価値」「サービス価値」「ホスピタリティ価値」といった価値を，ゲストと一緒に共創することを意味しています。なぜか。これら3つの価値を高めることが，ホスピタリティを向上することになるからです。そうすることで，組織関係者がお互いに成長し合い，共に良くなります。ただ一つ，サービス価値の中でセルフサービスが行き過ぎることがあります。行き過ぎるとホストとゲストは交流しなくなり，プラスの相乗効果が期待できません。その場合は，ホスピタリティとは無縁のビジネス・モデルだと捉えることができるでしょう。

#### 3）相互歓喜

　フィリップ・コトラー（P. Kotler）は，「顧客満足から顧客歓喜へ[1]」（Kotler et al. 1994：553）と表現して，これからの方向性を示しました。卓越した見解であると思います。そのことを踏まえた上で，これからの継続性を考慮して「相互歓喜」を提起するものです。相互歓喜とは，ゲストもホストも共に

喜び合うところに意義を見出すものです。ホストは基本的には Giver であり，ゲストを喜ばせることに喜びを実感します。そのために心を働かせ自らの頭脳を駆使して創造的な活動へ歩を進めます。また，ゲストはホストの思いを受けとめて，自らもアイデアなどを出して面白がります。ホストとゲストが共に期待や満足を超えた場づくりをして，一緒に喜び合うことを表現したものです。心理的な結末は「満足」という感情を基本として，「喜び」「歓喜」「感動」「感激」「感謝」「驚嘆」「魅了」「堪能」「感涙」「感銘」「衝撃」「共感」などの感情を挙げることができます。

### （3）2次元の目的

　そして，ホスピタリティマネジメントの2次元レベルの目的は，2つあります。一つはゲストが評価する価値を重視する立場から，「ゲストの主観的な評価価値，喜び，利益を最大化する」ということです。もう一つは働く人のモチベーションと能力を重視する立場から，「働く人の能力発揮を最大化する」ということです（表2-1）。これらの目的は，経営者がゲストと働く人に対してそれぞれ約束すべきことです。

## 4　ゲストの主観的な評価価値を最大化する

　経営する上での点検ポイントは，表2-2に示した「23の項目」です（Carlzon 1987；Albrecht et al. 1985；Albrecht 1992；Kotler et al. 1994）。一つひとつの視点について点検し，何に手を打つ必要があるのかについて見極めることが大切です。たとえば，介護の場合，入浴介助する際には④の心配り・気遣いや専門知識・技術が必要です。入浴時の体調への配慮や衣類の確認などがあります。また，簡易リフトや入浴機器を用いて入浴する際に，当然のことながら事故が起こらないようにしなければなりません。繰り返し行う中で確認された知識・技術が貴重です。大切なことは，ゲストの主観によって

表2-2　経営する上での点検ポイント

| |
|---|
| ①　形のない活動・機能［1項目］ |
| ②　形ある製品・商品［1項目］ |
| ③　金銭的要因・価格・支払う金額［1項目］ |
| ④　人間力，人間関係力，（接客）態度，精神，心配り・気遣い，アイディア，専門知識・技術，印象，五感・センス［9項目］ |
| ⑤　情報，手続き［2項目］ |
| ⑥　組織，場所，施設・設備，環境［4項目］ |
| ⑦　組織イメージ，インプレッション，レピュテーション（評判）［3項目］ |
| ⑧　経営理念，経営活動［2項目］ |
| 計　23の項目 |

「良い」「良くない」の評価がなされることです。ホストがゲストの主観と出会うには，ゲストと交流するしか方法はありません。ゲストが何を求めているのか。そのことを確実に知る方法は，関係づくりをする中でゲストに尋ねてみることです。そこで得られた個別的な情報によって，マネジメントする側の行動を方向づけることができるのです。

## 5　働く人の能力発揮を最大化する

　ここでのポイントは，能力と成果を結びつける「能力発揮力」です（図2-2）。能力発揮力は，人間力マネジメント（人的資源管理）の視点から，これからの人事考課の項目としても活用することができます。

### （1）能力発揮力と能力

　能力発揮力とは，「業務遂行する際に能力発揮を促進する力」のことで，筆者が命名しました。具体的には，「自己傾注力」「交流促進力」「達成推進力」といった3つの能力発揮力を指します。これら3つの能力発揮力については，それぞれ第1章で前述した「自己」「親交」「達成」の各領域から導き出したものです（図1-2参照）。なお前述した「能力」は，基本的な能力と

図2-2　能力と成果を結びつける能力発揮力

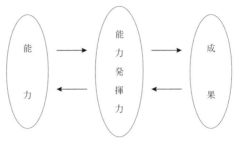

習熟的な能力に分けることができます。前者は知識と技能・技術です。また後者は、「理解・判断力」「工夫・企画力」「表現・折衝力」「指導・統率力」という4つの能力をいいます。

## （2）成果の要件

　一方、「成果」の要件は次の4つです。すなわち、組織と働く人が相互成長できるかどうかが重要です。

① 　当期の業績、あるいは将来の業績に何らかの形で貢献すること。

② 　組織の方向性、戦略、価値観に合致し、組織の継続的な発展と繁栄に結びつくこと。

③ 　具体的に説明可能なゴール（目指す状態）が明示されていること。

④ 　組織メンバーが課題や目標に取り組むことで、職業人としての前進や成長に結びつくこと。

## （3）3つの能力発揮力

### 1）自己傾注力

　真に力強い活動にするには、関係者からの要求に応えるだけでは不十分です。自己の領域を発揮することが必要になります。また、親交の領域と達成

の領域とのバランスを整えることも必要です。担当する業務活動に対して傾注する志向が強くなればなるほど，力強く活動することができるのです。

### 2）親交促進力

何かを達成するためには，業務活動に傾注するだけでは独りよがりになる危険性があります。そこで，広く関係者に働きかけ交流することで，共感性を高め広げることが価値共創の気運を盛り上げることにつながります。また，結束力を高めることができるようになります。ホスピタリティマネジメントの最大の特徴は，複数人で一緒に活動することで，プラスの相乗効果を高めることです。

### 3）達成推進力

私たちは，誰もが何かを達成することを求められています。業務への向かい方が積極的であれば，何かを達成する可能性は高くなります。また，複数人で共通の目的・目標づくりをして，ゴール到達までやり抜くことは貴重な経験を手に入れることになります。そのためには，関係者と親しく交流して幅広く手段を探索し編成すること，そして自らのリソースを充実させ自己成長を促進するための環境を整える必要があります。これにゴールまでやり抜く達成推進力が加わると，ますます力強い活動にすることができます。

## 6　目的の体系

表2-3は，ホスピタリティマネジメント全体を目的中心で示したものです。ホスピタリティの中に，「ホスピタリティ価値」「サービス価値」「人間価値」が含まれています（図2-1）。また，重点としてのホスピタリティ価値の目的が，サービス価値や人間価値の各目的に影響を与え規定していると捉えられます。

表 2-3　ホスピタリティ価値に規定されるサービス価値と人間価値

| 経営の位置づけ | 価値 | 目 的 | | | マネジメント | 課題・目標 |
|---|---|---|---|---|---|---|
| | | 0次元 | 1次元 | 2次元 | | |
| 重点 | ホスピタリティ価値 | 関係者の相互成長相互繁栄相互幸福 | ・価値共創<br>・活私利他<br>・相互歓喜 | ・ゲストの主観的な評価値を最大化する<br>・働く人の能力発揮を最大化する | ・事業の再構築マネジメント<br>・可能性への挑戦マネジメント | ・事業の再構築課題・目標<br>・現状変革課題・目標 |
| 基本 | サービス価値 | 利益を増やす（組織が存続可能な適正利益を確保する） | ・売り上げを増やす（売値を維持する）<br>・コストを減らす<br>・経営資源を有効活用する | ・品質を向上させる<br>・ロスを減らす<br>　人件費を減らす<br>　AIを導入する<br>　（無人化，自動化）<br>・教育訓練する | ・業務の有効化マネジメント（業務機能を有効にする） | ・現状改善課題・目標 |
| 土台 | 人間価値 | 他者の中で自己を成長させる | ・自己の領域を育てる<br>・懇交の領域を育てる<br>・達成の領域を育てる | ・自己傾注力を高める<br>・懇交促進力を高める<br>・達成推進力を高める | ・セルフマネジメント<br>・キャリアデザインマネジメント | ・自己成長課題・目標 |

## （1）サービス価値の目的

　サービス価値の目的は，効率性を追求する中で利益を増やすことです。特に，組織が存続可能な適正利益を確保するところにねらいがあります。適正利益を確保するために，売値を維持するという制約条件のもと，売り上げを上げるようにします。また，必要なコストはかけ，不必要なコストのみ削減します。そして，経営資源を有効に活用します。今，話題になっている AI 技術を導入することが目的ではないことは，特に留意する必要があります。また大切なことは，ホスピタリティは数字で測れないけれども，数字を扱うサービス価値と関係づけた方がよいということです。なぜか。組織の存続可能性を高めることができるからです。

## （2）ホスピタリティ価値の目的

　ホスピタリティ価値の目的は，組織関係者の相互成長・相互繁栄・相互幸

図2-3　ホスピタリティマネジメントの目的とフロー図[1]

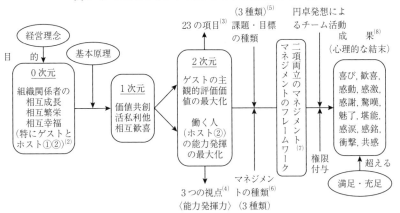

注：(1)　本図は53〜74頁の内容を図示したものである。
　　(2)　ホスト①働く人，ホスト②経営（管理）者，を各々指す。
　　(3)　表2-2参照。
　　(4)　図2-2参照。
　　(5)　表2-6参照。
　　(6)　表2-6参照。
　　(7)　表2-4参照。
　　(8)　表2-5参照。

福です。さらに一歩進めて1次元での目的である「活私利他」と「価値共創」のためであり，「相互歓喜」を目的にしていることが大切な基準です。また同時に，「品質を向上させる」「ロスを減らす」「教育訓練する」だけでは，「活私利他」にはならないことも踏まえておく必要があります。前述した2次元の目的である「ゲストの評価価値」と「働く人の能力発揮」を，共に最大化していかなければ達成することができないからです。

## （3）人間価値の目的

　人間価値の目的についても，組織関係者の「相互成長」「相互繁栄」「相互幸福」といった基本目的の下，働く人一人ひとりが自己成長を図る必要があります。他者の中で，いかに自己を成長させるかがポイントです。1次元の目的を実現させるには，図1-2で述べたホスピタリティ人財の構成要素で

ある「自己の領域」「親交の領域」「達成の領域」について，それぞれ自己点検し，意識的にバランスよく育て発揮する必要があります。また，最も具体的なレベルの 2 次元の目的を拠り所にして，図 2 - 3 を基に能力発揮力の向上を図ります。

### （4）目的中心でマネジメントする

　そうして，組織関係者の「相互成長」「相互繁栄」「相互幸福」に近づくことができるのです。周りを客観的に見渡してみると，サービス価値のところに記した目的のみを重視し，利益至上主義を唱え，歯止めをかけることもなく推進している事例を見受けます。そして，安全性を犠牲にしたコスト削減を行うことで不祥事を引き起こす場合についても考えられます。これらの点をよく自己点検することが肝要です。表 2 - 3 はそのためのマップとしてご活用下さい。なお，図 2 - 3 については本章の各節で取り上げた内容をまとめたものです。本図を基に介護事業について点検してみて下さい。

## 7　ホスピタリティマネジメントのフレームワーク

　このところ，「サービスからホスピタリティへ」といったフレーズを見かけることがあります。これは，何を意味しているのでしょうか。ホスピタリティマネジメントでは，これまで述べてきたように，サービスを否定しているわけではありません。ホスピタリティマネジメントは，これまでのサービス価値を経営の基本として位置づけ直しました。その上で，経営の重点をホスピタリティ価値へシフトしようとするものです。すなわち，サービスとホスピタリティを二項対立で捉えるのではなく，二項両立として捉えるものです。ホスピタリティマネジメントは，この「二項両立の経営」を目指すマネジメントだといえます。なお人間価値は，経営の土台として位置づけます。

## （1）サービス価値の提供マネジメント

　改めてサービスを問い直します（Albrecht et al. 1985；Albrecht 1992；Normann 1984；佐藤 1995）。従来から論じられてきた「サービス・マネジメント」「サービス・マーケティング」「サービス・イノベーション」などには，ホスピタリティ概念がありません。そのため，サービス本来の意味を超えて拡大解釈されている場合が考えられます。サービスの概念には，ホスピタリティを説明するところまで拡大解釈するだけの理論的な根拠はありません。また「価値共創」という言葉についても，サービス・マネジメントでは説明することができません。では，サービス概念のルーツからいえることとは何でしょうか。以下に，いくつかの視点を解説します。

### 1）一方向的な働きかけ

　サービスには「仕える」という意味があります。基本的には提供者から享受者への一方向的な理解による一方向的な提供を意味しており，従属的な関係といえます。また，マニュアル的・機械的で，不特定多数の集団を対象にしている点に特徴があります。その点，無難で確実です。すなわち，「型」によるマネジメントであると表現することができます。また，その遂行は効率性の追求を目的にしていることから，形式的で義務的になる傾向があります。

　顧客の期待に対しては業務機能の標準化，IT 化，機械化，システム化，マニュアル化，ロボット化等を推進して，継続的に安定的に提供する仕組みを整えます。したがって，サービスは手堅いが短時間で模倣されるのです。また現在は，サービスの無人化と自動化が加速しています。そして，AI がクローズアップされています。これらの動きは，効率性の観点からサービス概念のルーツと同じ方向性にあるといえます。

### 2）欠乏動機に対応する行為

　サービスには，満足という感情が適合します。不特定多数の顧客ニーズである不足，必要，不備，不便，不利，不透明，不満，不平などの欠乏動機に

対応する行為だからです。また，顧客からの期待やニーズがはっきりしていることから，一方向的な行為になりがちです。価格に見合った価値を提供することができれば，顧客は満足することになります。また顧客が満足しなければ，次のチャンスがないことも事実です。このことは，心得ておかなければならない原則だといえます。

### 3）一時的な効果しかない満足

CS（Customer satisfaction）とは，本来的にいえば「顧客が満足する」ことです。しかしながら，現状では「顧客を満足させる」ことに注力した CS 活動が行われている場合が少なくありません。大切なことは，「顧客自身が満足する」ことです。サービス享受者の期待に対してサービス提供者が行う行為がかみ合えば，顧客が満足したと解釈することができます。

しかし，満足は「一時的な効果」でしかなく，ロイヤリティ（Loyalty）を高めることについては別の方策を組み立てる必要があります。留意しておきたいところです。

### 4）敵対行為の選択

もし顧客の期待に対応できなければ，顧客は不満足な感情（Dissatisfaction）を持つことになるでしょう。また，提供側が思うほど顧客が満足しているとは限らない場合など，満足していない状態（Unsatisfaction）についても考えられます。それは，満足というほどではないが，近くに位置している他の介護施設と比べてみると良いからという理由で妥協し選択している場合があるからです。その上に，サービス提供が機械的で義務的に行われているとしたら，顧客は自らが満足するどころか，怒りの感情をあらわにして敵意（Hostility）に基づいた敵対行為を選択することになります。たとえば，ネガティブな口コミキャンペーンなどを行うことが考えられます。

## （2）ホスピタリティ価値の共創マネジメント

関係者が交流することで，お互いのアイデアとアイデアが掛け合わされ，

口々に言っていることが「形」になっていくことがあります。たとえば，ホスピタリティマネジメントの目的の一つである「潤い」「安らぎ」「癒し」「憩い」「寛ぎ」「あたたかみ」「温もり」「味わい」「優しさ」「和み」「深み」「高み」などを実感できる場づくりは，まさに介護の仕事において求められているところです。ホスピタリティ価値の特徴については，以下にいくつか記しておきます。

### 1）経営のエンジン

「こんなことがあったらいいのになあ～」「あんなことがやれたら楽しいだろうなあ～」「そんなことまでやってくれるの！」「えっ！そこまでやるの！」「おやっ！これまでとは明らかに違うぞ！」「他の施設とは比べ物にならない！」といったゲストの声が聞こえてくるようになると，ホスピタリティ価値が認知されていることが考えられます。これらの声は，経営を前へ進めるエンジンとして位置づけるものです。介護の現場では，どのようなことが考えられるでしょうか。利用者が行うアクティビティ（Activity）の充実などについてぜひ議論してみて下さい。

### 2）信頼関係を取り結ぶことが目的

ホスピタリティ価値には双方向的，相互補完的，個別的，配慮的な傾向があり，直接的に対価を求めないといった特徴があります。すなわち，信頼関係を取り結ぶことを目的にしているのです。したがって，ホスピタリティは不確実で模倣されにくいといった特性があるのです。

### 3）価値共創による永続的な効果

ホスピタリティ価値は，ゲストが求める前に提供することがポイントです。なぜならば，その方が満足を超えた時に「喜び」「歓喜」「感動」「感激」「感謝」「驚嘆」「魅了」「堪能」「感涙」「感銘」「衝撃」「共感」などの感情の振幅が大きくなるからです。このような感情を味わう経験・体験を繰り返すと，「永続的な効果」が高まり，ゲストのロイヤリティが向上します。これからの経営は，ゲストと一緒に価値共創することができる仕組みをつくることが

課題として挙げられます。

### 4）心を働かせ頭脳を駆使する創造的な活動

　ホスピタリティ価値としては，ホストもゲストも認知している願望価値以外は新価値の創造です。新価値を創造するためにはサービス価値とは異なり，複数人が心を働かせ頭脳を駆使して創造的な活動を前へ進めていかなくてはなりません。すなわち，やり抜くことが求められます。その点，不確実性が高い中での活動であり時間を要します。また，コンフリクトもあり油断ができないという側面もあります。そのため，ホスピタリティ価値のキーワードとして「予想外」「非日常」「オリジナリティ」「オンリーワン」「共創」などが挙げられます。なぜならば，ホスピタリティ価値には未知価値（Unanticipated value）といって，「期待や願望を超えてまったく考えたことのない感動や感銘や驚嘆を与え魅了する価値要因」を含んでいるからです（Albrecht 1992：112-115）。介護においては，利用者と一緒に楽しむアクティビティの企画開発が期待されるところです。

## （3）人間価値の向上マネジメント

### 1）経営の土台

　土地の上に建てた家がサービス価値でありホスピタリティ価値に該当するとしたら，地中とか地面が人間価値に当たります。人間価値は直接的に一人ひとりの人間が生み出す価値であり，人間としての本質であり本性と言ってもよいと思います。

### 2）人間価値の機能

　現代社会においては，効率性の向上策の一つとして「セルフサービス」が一般的ですが，セルフサービスを過度に取り入れると，働いている人は義務的で機械的な対応になりがちです。また，電話をかけた時の音声ガイダンスなど，ゲストとの出会いの場づくりに失敗している事例が数多く報告されています。人間価値には人間が陥りやすい機械的で冷たい対応を緩和する働き

表2-4　ホスピタリティマネジメントのフレームワーク

| | 経営の基本 | 経営の重点 |
|---|---|---|
| 1. 顧客価値<br>（ゲスト価値） | サービス価値<br>（製品・商品価値も含める） | ホスピタリティ価値 |
| 2. 活動の理念 | 顧客満足<br>＝CS（Customer satisfaction） | 相互歓喜<br>＝MD（Mutual delight） |
| 3. 活動の目的 | 組織が利益を上げる，売上げを上げる，コストを削減することを中心にして効率性を高める | 関係者が交流することによって「潤い」「安らぎ」「癒し」「憩い」「寛ぎ」「あたたかみ」「温もり」「味わい」「優しさ」「和み」「深み」「高み」等を感じる経験の場づくりを行う |
| 4. 主導する主体 | 組織主導 | 組織・顧客の両主導 |
| 5. 活動の対象と<br>　 方向づけ | 見込み客，顧客（1，2回顧みる客）<br>　→顧客満足度の向上と顧客の維持と顧客の拡大 | 得意客，支持者，代弁者・擁護者，パートナー<br>　→顧客歓喜によるファンの拡大とリピーターの獲得 |
| 6. 活動の内容 | 一方向的な顧客ニーズの把握とその充足，及びクレームやコンプレインへの対応<br>　→業務の標準化，システム化，マニュアル化，機械化，ロボット化，自動化による画一化の推進 | 関係者との相互関係，相互依存的な共働（共に働きかけ合い，共に力強く働く），及び相互補完の実践<br>　→関係者との連携，関係者の組織化と共働，心と頭脳を駆使した創造的な活動，ちょっとした気遣い・気配り・心遣い・心配り |
| 7. 関係者の感情 | 満足，充足 | 喜び，歓喜，感動，感激，感謝，驚嘆，魅了，堪能，感涙，感銘，衝撃，共感 |
| 8. 基本的な問い | いかに売上げを上げるのか<br>いかに利益を上げるのか<br>いかにコストを減らすのか<br>いかに顧客を満足させるのか | 何によって楽しんでいただくのか<br>何によって喜んでいただくのか<br>何によって感動の場を創造し分かち合うのか |

があり，また，経営の重点としてのホスピタリティ価値に対しては支える機能が期待されています。

### 3）人間価値の構成要素

　礼儀・節度，態度，物腰，ルール・約束事の遵守，ポリシー，志，知識をはじめとした能力，経験，活動実績，資格，特技などが要素です。これらの

要素については，人を採用する際の着眼点であり，評価対象です。場合によっては，好きなこと，得意なこと，興味・関心領域，さらには気質・性格，対人関係上の基本姿勢や行動の特徴・傾向なども含みます（第1章7参照）。

　これらの内容をまとめたものが，表2-4です。これからの経営の基本と重点について，「顧客価値（ゲスト価値）」「活動の理念」「活動の目的」「主導する主体」「活動の対象と方向づけ」「活動の内容」「関係者の感情」「基本的な問い」の8項目についてそれぞれ比較したものです。

### 4）人間価値向上の方向性

①　関係者の中で自己を成長させる。

②　自らの生命・生活・人生の質（QOL）を高める。

③　自己・親交・達成の各領域をバランスよく育てる。

④　自らの想いや考えを尊重して関係者に発信する。

⑤　関係者とネットワークを築き，お互いに連携する。

⑥　人間らしさを表現し相互成長感を分かち合う。

⑦　自らが決めたことについては最後までやり抜く力を育てる。

⑧　自らのキャリアをデザインし，出し惜しむことなくセルフマネジメントする。

## 8　自律性の発揮を促す権限を付与する

　介護現場で一人ひとりが自律性を発揮するとは，どのように捉えたらよいのでしょうか。一緒に考えてみましょう。

### （1）権限と責任

　経営管理者の中には，よく自律的にやりなさいと言う人がいます。しかし，権限を与えていないケースが見受けられます。権限がなければ何もできないし，誰もやろうとはしません。また，権限を付与してもお金の裏付けがない

場合には，必要な時に手を打つことができません。権限には，立案権限，執行権限，提案権限，審議権限，意思決定権限，決裁権限，承認権限，命令権限などがあります（吉原編著 2014：76-79）。

　第6章2で述べる円卓発想によるチーム活動には，命令権限は馴染まないので除外します。基本的な考え方として，命令権限を除く7つの権限はチームに付与します。新たな価値を共創するチームで，その権限を行使すればよいのです。利用者が喜ぶことを自律的に行うために権限を行使します。そこには，判断と行動の自由度が保障されている必要があります。そして，結果責任（Accountability）についてはチーム全体で持ち，遂行責任（Responsibility）についてはチームメンバーの役割に応じて持てばよいのです。

### （2）リーダーとルール

　リーダーは組織が命じて任命するよりも，チーム内でメンバー同士が率直に話し合って決めるようにすればよいでしょう。また，権限行使をサポートするためのルールは最初から決めてスタートするよりも，チームで行動しながら学び，必要に応じて決めていけばよいでしょう。なぜならば，ルールはメンバーの自律性を促すとともに，望ましい思考や行動を促進するためにあるからです。決して思考や行動を抑制するものであってはならないからです。

### （3）権限移譲と権限付与

　さて，権限移譲と権限付与は異なります。権限移譲は Deligation of authority で，当該上位者が有している権限の一部を下位者に移譲することをいいます。たとえば，執行権限，提案権限の委譲などは階層型組織におけるマネジメントスタイルの一環として行われます。それに対して，権限付与は組織がマネジメントする上で有している権限を与えるもので，それは自律性を発揮しホスピタリティ価値を創造するために行います。

　第6章2で取り上げる円卓発想によるチームであれば，メンバーは一人ひ

とりの人間として，対等な関係で自律的に運営することから，権限を付与することで自律的に判断し行動することができるようになります。また，ゲストと一緒に驚きや感動を分かち合うことが可能になります。

## 9　マネジメント成果としての感情を感知する

　一体，マネジメント成果とは何でしょうか。一番に数字を挙げる人がいるでしょう。そのことも組織が存続するためには否定できないことですが，ホスピタリティマネジメントでは，ゲストである利用者の感情を重視しています。そして，働く人の感情も同じくらい大切にしています。

### （1）ゲストの感情は主観

　前述しましたが，ゲストの評価は主観です。好きか／嫌いか，快適か／苦痛か，居心地が良いか／良くないかなどの主観が基準になっています。専門的には「心理的な結末」（Albrecht 1992：112）と言いますが，ゲストが利用した後の感情が大切なのです。ホスピタリティマネジメント分野ではゲストの感情に関する議論は複雑で，筆者はマネジメントする上でガイドラインのようなものが考えられないかとずっと感じていました。この点については，サービスとホスピタリティをあえて峻別することで，一つの手がかりになるのではないかと考えています。

　マネジメントの対象は前章でも述べましたが，サービスとホスピタリティでそれぞれ異なります。しかし，共通項は両者ともに形のない活動・機能（Intangible goods）を対象としていることです。そして，両者の元々の意味が異なっている上に，その形のない活動・機能を市場に出す際の考え方とプロセスについても大きな違いがあります。すなわち，サービスは一方向的な提供であり，ホスピタリティはホストとゲストが一緒になってつくる双方向のプロセスを重視しています。

表2-5　ゲストの認識と感情に関するガイドライン

| 価値Ⅰ | 価値Ⅱ | ゲストの認識 | ゲストの感情 |
|---|---|---|---|
| ホスピタリティ価値 | 未知価値<br>（えっ！そこまでやってくれるの，これまでと違うぞ！他にはないなあ〜） | ① ゲストが事前に想像できないオリジナリティがあり，予想外であった（ゲストが気づいていない，わからない，もともと期待していないことであった） | 喜び，歓喜，感動，感激，感謝，驚嘆，魅了，堪能，感涙，感銘，衝撃，共感 |
| | 願望価値<br>（こんなことがあったらいいのになあ〜。あんなことができたらいいのになあ〜。困っていることが困らなくなる。我慢していることが我慢しなくて済むようになる。有り難う） | ② （ゲストの期待を大きく上回り）潜在的に願望していることが実現された | |
| | | ③ （ゲストの期待を上回り）潜在的に願望していることが実現された | |
| サービス価値 | 期待価値<br>基本価値<br>（あって当たり前・やって当然，基本でしょう） | ④ ゲストが期待した通りであった | 満足，充足 |
| | | ⑤ ゲストの期待を下回っていた | 満足していない，不満足，がっかり |
| | | ⑥ ゲストの期待を大きく下回っていた | 怒り，哀しい失望 |

## （2）ゲストの期待

　ゲストの期待を基準にすると，実際にゲストが認識する活動・機能によって影響される感情は，どのように捉えられるでしょうか。また，いつもゲストの期待やニーズが明らかになっているとは限らないわけですが，ここのところをどのように考えたらよいのでしょうか。利用者の感情面を検討すると，表2-5のように整理することができます。

## （3）ホストもゲストもニーズがわからないケース

　表2-5にある「ゲストの認識」の①では，ゲストが事前に何をどう期待しているのかについてはわからないレベルです。ホスト側も期待やニーズを明らかにできていない場合を想定しています。すなわち，わからない者同士が一緒に創る場面であると捉えています。まさに「共創」という表現がふさわしいケースです。介護施設で生活している方の状況にもよりますが，たとえば海外旅行などが考えられるでしょう。また，演奏会に出るなどの目標達成を目指して練習することなども①に該当するでしょう。これらは，個別的で潜在的な求めに対応するもので，お互いが感じ合いながら潜在的なニーズを明らかにしていくという，とても骨の折れる仕事です。「きりがない」という施設長の声が聴こえてきそうですが，私たち人間が生きていく上で本質的なところであると捉えることができます。

## （4）ゲストがニーズをわかっているケース

　表2-5中の②と③については，ホスト側からするとゲストの期待やニーズを明らかに自覚できていない場合が考えられます。ゲスト側が何度も求めているにもかかわらず，ホスト側が応えられていない場合には，ゲストは潜在的に願望しているものの，すでにあきらめていて，かなりの時間が経過しているかもしれません。すなわち，ゲストの期待が潜在的な願望に変わっているといえます。

　ホスト側が何らかの方法で，ゲストの潜在的な願望を察知して応えられた場合には，ゲストは高く評価するでしょう。たとえば，利用者本人が日常的に願望していた場合の買い物や外食などが考えられます。また，日々の美味しい食事などが考えられます。ここに焦点化して，利用者が困っていることを困らないようにする，我慢していることを我慢しないで済むようにすることが求められているのです。表2-5の①～③に対して手を打つことで，ゲストのロイヤリティ（Royalty）が向上する可能性が高まります。そして，長

い間，ゲストの記憶に残り，永続的な効果を見込むことができます。一旦，顕在化したニーズへの対応は，決してはずしてはいけないのです。


### （5）ホストが行うマネジメント

　一方，ホスト側からの視点はどうでしょうか。表2-5にある②と③は「可能性への挑戦マネジメント」と位置づけられます。表2-5の①は，「機会の開発マネジメント」で，働く人のモチベーションと能力発揮が最も求められているところです。いわば，プロフェッショナルとしてのやりがいを感じるところで，ぜひ目指したい高みとして捉えることができます。

　表2-5の④については，その人らしく生活するための基本であり，当たり前であるとの認識からスタートする必要があるでしょう。同じく表2-5の⑤と⑥については，本来はあってはならないことですが，そのような状況が日常化しているのであれば，マネジメントが機能していない証左です。業務が有効に機能するようにマネジメントする必要があります。

　介護施設を生活する場として考えると，前述した（3）と（4）についてはいずれも日常的な生活の中にあることがわかります。そのことに手を打つマネジメントが行えるかどうかですが，介護施設側は当たり前のことであるという認識を持っておいた方がよいでしょう。さらに言うと，対応できない状況がある場合にはマネジメント上の問題であり，解決する方向で検討する必要があります。なぜでしょうか。それは，当たり前のことが当たり前に行われてこそ生活であるといえるからです。


　介護において，これらのガイドラインに基づいてマネジメントすることができれば，要介護利用者は喜びます。そして，その人らしく最期まで生ききることにつながります。また同時に，働く人もそのサポート役として自らの能力発揮のバロメーターにすることができます。つまり，本書で捉える「高齢者の気持ちを受け止め，まだできる能力に目を向けて，その人らしく生き

ることができるように，その人を丸ごと受け止め応援する取り組み」としての介護へ近づくことができるのです。ぜひ活用してほしいと思います。

## 10　課題を設定する

本節では，第 1 章で述べた日本生産性本部サービス産業生産性協議会主催の日本サービス大賞「表彰対象と応募対象者」で，例に挙がっていた点について考えます。

### （1）多くの人の声

多くの人はこれまでの経験から，「ただでさえサービスは生産性が低いと言われているのに，サービスという言葉の前にあるフレーズはどう考えてもできっこないじゃないか。効率性を高める必要があるので，そこまで考えられないし，実現するのは難しいよ！」と考え，保守的な態度をとることが多いのではないでしょうか。

これらが，今の混迷を言い当てていることは確かです。なぜでしょうか。それは，日本サービス大賞で取り上げられた各フレーズとも，2 つのことが入り混じっているからです。前半のフレーズはどれもホスピタリティ価値の部分であり，語尾にあるサービスのところはサービス価値に関する部分です。表 2 - 6 の通り，ホスピタリティ価値とサービス価値を峻別して明示することが，わかりやすくするための秘訣です。順次，見ていきましょう。

「忘れられない感動や喜びをもたらす物語性のあるサービス」

「常識を覆すような，いままで聞いたことも見たこともないサービス」

「お客様と一緒に双方向のコミュニケーションで価値を共に創るサービス」

表 2-6　マネジメントの種類と課題の種類

| | サービス価値 | ホスピタリティ価値 | |
|---|---|---|---|
| マネジメントの内容 | 表2-5の④（⑤と⑥も）<br>業務の有効化<br>　マネジメント<br><br>基本価値と期待価値を創造し提供することが活動の中心 | 表2-5の②と③<br>可能性への挑戦<br>　マネジメント<br><br>願望価値を創造し提供することが活動の中心 | 表2-5の①<br>機会の開発<br>　マネジメント<br><br>未知価値を創造し提供することが活動の中心 |
| マネジメントの対象 | ※　業務<br>　　　人の活動（人） | ※　業務<br>　　　資源全般<br>　　　（事業を視野に入れて） | ※　事業<br>　　　業務<br>　　　資源全般 |
| 課題の種類 | 主として<br>現状改善課題<br>現在の障害を除去し，効率的に仕事を進められるようにする上での課題<br>　1）業務機能を改善する<br>　2）的確性を高める<br>　3）効率性を高める<br>　　　利便性を高める | 主として<br>現状変革課題<br>視点を変えることで，あらゆる業務遂行上の可能性に挑戦し，効果的に成果を高めていく上での課題<br>　1）競争優位の状態を創出する（可能性への挑戦）<br>　2）マンネリ化を打破する（可能性への挑戦） | 主として<br>事業の再構築課題<br>事業の方向性を問い直し，未来状況をつくり出していく上での課題<br>　1）事業（商品・無形財・市場）を開発する<br>　2）顧客を開拓する<br>　3）資源を強化する |

## （2）サービスをどう捉えるか

　サービスと表現している限りにおいては，ここにホスピタリティ概念はありません。サービスには「仕える」という意味があり，これまでも滅私奉公や自己犠牲の精神が加わることで行き過ぎがありました。すなわち，働く人は長時間労働に陥り，ストレスフルな状態が日常化しています。一方，ゲストは期待を基準にして至らぬ点を探し出してはクレーマーになります。また，サービスには一方向的な提供と効率性の追求にその特徴があります。

　そこで，筆者は前項で取り上げたフレーズの「サービス」のところに，「分野名」や「事業名」を入れて表現することを提案したいのです。たとえ

ば，介護という事業名を入れて表現します。働く人やマネジメントする人にとって，何をどうすることなのかがわかりやすくなります。

「忘れられない感動や喜びをもたらす物語性のある介護」
「常識を覆すような，いままで聞いたことも見たこともない介護」
「お客様と一緒に双方向のコミュニケーションで価値を共に創る介護」

### （3）活動の方向性

　前項によって，活動の方向性が明示されます。また，何をしたら良いのかが直感的にわかります。そして，私たちが向かう方向性を共有した上で，2つの課題を設定するのです。一つは，「忘れられない感動や喜びをもたらす物語性のある」「常識を覆すような，いままで聞いたことも見たこともない」「お客様と一緒に双方向のコミュニケーションで価値を共に創る」のフレーズについて，より具体的な課題を設定します。すなわち，ホスピタリティ価値に関する課題を設定するのです。

　もう一つは，このホスピタリティ価値を安定的に継続的に支えるサービス価値に関する課題を明らかにします。すなわち，私たちにとって当たり前の，「より早く（速く）」「より安く」「より多く」「簡単に」「便利に」「正確に」「確実に」「明瞭に」「清潔に」「安全に」などに関する課題を設定するのです。このように，2段構えで課題を設定することによって，何をどう行動したら良いのかが明らかになり，力強い活動にすることができるのです。

　注
(1)　フィリップ・コトラーは「その企業が人間の幸福にどのように貢献しているかを消費者が認識すれば，利益はおのずとついてくる」と述べています（コトラーほか 2010）。
(2)　権限については，「職務を公に遂行し得る力」と定義づけることができます（泉田 1987）。

**参考文献**

泉田健雄（1987）『職務権限論』白桃書房。

株式会社オリエンタルランドホームページ（https://www.olc.co.jp/ja/tdr/protile. html, 2020年 3 月17日アクセス）。

コトラー，フィリップほか／恩蔵直人監訳（2010）『コトラーのマーケティング 3.0──ソーシャル・メディア時代の新法則』朝日新聞出版。

佐藤知恭（1995）『「顧客満足」を超えるマーケティング──企業は消費者から選ばれている』日本経済新聞社。

吉原敬典編著（2014）『ホスピタリティマネジメント──活私利他の理論と事例研究』白桃書房。

Albrecht, K. (1992) *The Only Thing That Matters*, Harper Collins Publishers.（＝1993，和田正春訳『見えざる真実』日本能率教会マネジメントセンター。）

Albrecht, K. & Zemke, R. (1985) *Service America!: Doing Business in the New Economy*, Irwin Professional Pub（＝1988，野田一夫監訳『サービスマネージメント革命──決定的瞬間を管理する法』HBJ 出版局。）

Carlzon, J. (1987) *Moment of Truth*, Ballinger Publishing.（＝1990，堤槇二訳『真実の瞬間』ダイヤモンド社。）

Kotler, P. & Armstrong, G. (1994) *Principles of Marketing 6^{th} ed.*, Pearson Education Canada.

Normann, R. (1984) *Service management: Strategy and leadership in service businesses*, Wiley.

O'Toole, J. (1985) *Vanguard management*, Doubleday & Company.（＝1986，土岐坤訳『バンガードマネジメント──先駆企業の戦略』ダイヤモンド社。）

（吉原敬典）

## コラム2　サービスしすぎが問題だ

　その女性が老人ホームに入ったのは，1年前の正月でした。その前の夏，熱中症にかかったのです。症状は軽かったのですが，体調がなかなか戻らない。息子たちに迷惑をかけたくないと言って老人ホームに入ることを決めました。大きな公園が近くにある瀟洒なホームです。歩くことが苦にならない彼女は，自由に外にも行けます。しかし1カ月の間に体重が5kgも落ちました。はじめは規則正しい食事の成果だと思っていたら，そればかりではない。ストレスもあるようでした。「ここに入ってから，認知症が進む人が多いらしい」と，その女性は小声でささやきます。「そんなことないでしょう。運動も食事も規則正しいし，家にいるよりずっと他人としゃべる機会もある。いろいろなイベントもあるみたいだし」と息子は驚きましたが，その行き渡ったサービスが認知症を進めるとのことでした。

　3度の食事は，塩分の摂りすぎを考えて，刺身にかける醤油の量まで管理されています。お味噌汁は火傷をしないようにぬるく，魚の骨はすべて取り除かれています。うどんは喉に引っかからないように短く切り刻まれ，何を食べても歯応えがありません。掃除もシーツを変えるのもスタッフ。80歳を過ぎても店に立って忙しく働いてきた女性には，1日何もやることがないと言います。

　また，「一度，インフルエンザにかかった友だちが心配で，部屋を見に行ったの。そうしたら，翌朝のごはんが私だけ部屋が別なのよ。『インフルエンザに感染している恐れがある』って言うんだけど，1人でごはん食べながら泣きたくなったわよ」とも話していました。

　聞けば聞くほど，サービス過剰。しかし，施設を運営する側に立ってみれば，万が一のことがないように細心の注意を払っているということになる。他の施設よりもずっと行き届いたサービスを行っているという矜持もあるのです。

　さて，ここで問題になるのが，「サービス」と「ホスピタリティ」の違いです。「サービス」は「経済的な活動」。「ホスピタリティ」とは「活私利他」（第1章参照）。

　この点を踏まえて，その女性の暮らすホームの実状を見てみると，明らかに経済活動に基づいた顧客（＝女性）の代行が進みすぎています。女性が望む以上のサービスを行うことで，万が一のミスや事故に備えているともいえそうです。改善するためのキーワードは「活私利他」です。

　　老人ホーム側も，顧客に利益を与えることで，自分が生きる。
　　母（顧客）も，ホームやそこで暮らす人々に利益を与えることで，自分が生きる。

　その共創があって初めて，理解し，納得のいく暮らしができるようになるわけです。数カ月して，女性は動きました。ホームのスタッフと話し合い，花壇の手入れを始め，雛人形などの飾りつけも手伝うようにしました。それまで一方的に受けるだけだった「料理教室」を，動ける人たちで料理をつくる会へと，スタッフとともに変えていきました。料理から離れていた入居者たちが，うれしそうに餃子やクレープを焼いているそうです。耳の聞こえない人のために手話を習い，コーラスを習っては，歌の間に手話を入れていく。

　運営する側も入居者側も「活私利他」のスピリットを持つことで，女性はみるみるうちに元気になっていきました。

　問題はもちろんあります。入居者の中には，体の不自由な方もたくさんいます。その人たちから見れば，元気に動ける入居者は気持ちのよい存在ではないでしょう。お金の問題もあります。きめ細かくサービス料金を決めている。それを一律に運営するからこそ，ホームの経営は成り立つのです。サービス価値からホスピタリティ価値への移行は，思うほど生やさしいものではありません。一人ひとり，生き方も考え方も違う。理想的には正しくても，体がついていけない現実もある。

　しかし，この女性とスタッフの動きを見ていると，ホスピタリティマネジメントによる施設運営が主流になる日もそう遠くないように思えるのです。

　「活私利他」。他人に利益を与えることで，自分が生きてくる。この思想が，老人ホームの運営に限らず，広く私たちが営む社会の根幹にあるように，現場のシステム，人的ネットワーク，教育の現場を見直していけば，少子高齢化時代にふさわししい社会のあり方が見えてくるはずです。がんばるほど，サービス過剰が進んでお互いが疲弊する。そんな社会から脱却するためにも，ホスピタリティマネジメントの敷衍を力強く進めなくてはいけないと，強く思うのです。

（ひきたよしあき）

<table>
<tr><td>第3章</td><td>価値共創と個別的・人間的な介護の実現<br>──ホスピタリティマネジメントが<br>　　もたらす効果</td></tr>
</table>

本章では人間を中心にすえて，これからの介護のあるべき姿を提起します。そして，その際にお金に人間を合わせるような考え方とは一線を画すホスピタリティマネジメント理論に基づいて考察します。

## 1　高齢者の特徴

私たちは，加齢とともに，これまでできていたことが徐々にできなくなっていきます。以下は，その一例です。

① 起き上がる時などにふらつくことがある。

② 歩いている時などに股関節あたりが痛くなる。筋肉が少なくなっていき，自由に出歩くことができなくなる。

③ 食べ物をこぼすようになったり，失禁なども出てくる。

④ 着替えや洗面時に，手の動きが頭で考えているようにいかなくなる。

⑤ 入浴時などで動作を始める前に時間がかかる。

⑥ 名前を思い出せない。2階へ上がって何を取りに来たのかわからない。メガネなどの置き忘れがあり，思い出せない。どれも認知機能が低下してくる。

⑦ 言葉が出てこない。漢字が書けなくなる。コミュニケーション上，支障が出てくる。

⑧ 家事（買い物，料理など）ができなくなる。

⑨ 楽しいことが減ってくる。

⑩ 気分が落ちこんだままで楽しめないことがある。

このような現状を前にして，高齢者は自分自身にがっかりすることがあるかと思います。これは，一面，年を取るとやむを得ないことであると受けとめなければならないことですが，もう一方では自分自身の心の中で整理して，これからの人生を方向づけなければならないことも真実です。なお，本書では介護について，「高齢者の気持ちを受けとめ，まだできる能力に目を向けて，その人らしく生きることができるように，その人を丸ごと受けとめ応援する取り組み」であると捉えています。

## 2 介護者は何から影響を受けているのか

介護者が，利用者を施設の中に閉じ込めているという現実が少なからずあります。そこには，一方向的に働きかけている現実があります。利用者が歩き回ると問題行動だと言い，利用者が介護者の言うことを聞かなければ手がかかると言います。利用者とは違う視点から問題だと介護者が言っていることで，実は自分たちの仕事の意義を奪っている現実を忘れてはなりません。どのような考え方や働きかけが，そのような事態を招いているのか考えてみましょう。

### （1）インタビューから言えること

筆者は，介護を仕事にしている人に対するインタビューを2013年から続けています。その中で感じたことは，介護する人々は自らの仕事を真正面から受けとめ，懸命に務めているという事です。要約すると，次のような声を聴くことができました。

「いろいろなお話をしてくださることが，私にとって，財産になってい

図3-1　「介護する人」と「介護される人」
——サービス・マネジメントの捉え方

```
                    一方向的に
   介護する人                      介護される人

➤ 両者は固定化された関係にあり，経済性が重視される傾向にあります。
```

ます」

「気持ちよく生活できるお手伝いができればと考えています」

「その人が向かっているところに，居心地の良い状態をつくることが私の仕事です」

「最も大切なことは，個々人のポテンシャルを引き出すことです」

「状態の変化に気づくことができます。家族ではわからないんです」

「当たり前のことを当たり前に行う。面白いことをするということで，今まできましたね」

「介護の仕事は，とってもやりがいがあります。こちらが働きかけると反応が返ってきます」

「大変な時代を生き抜いてこられた高齢者の方々に対して，やさしくありたいと思います」


## （2）マネジメントの考え方

　しかし，社会的に評価されていない現状があることも，介護現場で様々なトラブルが起きていることも事実です。筆者は，マネジメントの考え方にその一因があると考えています。その考えとは，まずは「介護する人」と「介護される人」を明確に線引きし分けて捉えていることです。図3-1にあるように，「あなたは介護される人」「私は介護する人」という区分けがはっきりしていることです。これが，様々なトラブルが起きる1つ目の原因です。

　すなわち，そこには「あなたは与えられる人」「私は与える人」というように立場を固定化する考え方があります。この背景には，高齢者に仕えると

いうサービス本来の捉え方があり，そのような捉え方をして仕事を行っている現状があります。そうすることで，どうなるでしょうか。働く人は，あの手この手でいろいろと尽くすようになります。そのような中で，支配するという感情が出てくるのかもしれません。また，これだけお世話しているのに報われないという気持ちになるのかもしれません。

### （3）一方向的になる傾向

2つ目の原因は，サービスの本質的な特徴の一つである「一方向性」にあります。「介護する人」から「介護される人」へ，一方向的に働きかける行動様式のことです。したがって，「高齢者の気持ちを受けとめ，まだできる能力に目を向けて，その人らしく生きることができるように，その人を丸ごと受けとめ応援する取り組み」としての介護が軽視され，介護する人中心の働きかけが常態化し日常化することになります。このことによって，高齢者はどのような状態になるのでしょうか。ホスピタリティ概念が意味することとは逆で，以下の3つの現象が見受けられます。

#### 1）迎　　合

介護する人に迎合するようになります。自らの本心や願望に蓋をして，介護する人に自らを合わせるようになります。そうすることで，ストレス過多となり，本来の人間関係がうまく進んでいかなくなります。

#### 2）孤　　立

利用者は受身的に介護される人だと捉えられることから，余計なことを言わなくなり，心理的に孤立していきます。そして，笑いもなくなり，潤いのある生活ができなくなります。集団生活を送りながらも，孤立して疎外感を感じながら生活するようになり，寂しいと感じる日々が増えていきます。

#### 3）服　　従

介護する人に対して本心を隠すようになります。当たり障りのないことは言うが，本心は言わない生活が続くことになります。場合によっては，介護

する人に支配されているという感情が多くなり，服従するようになるかもしれません。

### （4）経済性が重視される介護

　3つ目の原因は経済性です。2000年に介護保険制度がスタートしました。それに伴って，経済性を重視した介護が行われているという現状があります。介護サービスという言葉があるように，介護する人と介護される人の関係は「何か役に立つことをして，その代わりに対価が支払われる」という関係で捉えられます。

　経済的な活動は，運営自体を継続させるためには必要であり，経営の基本であるといえますが，人間の生活は経済活動のみで成り立っているわけではありません。それは，生活全体の中の一部なのです。そのため，「生活の一部」である経済が重視されすぎると，高齢者から見て，「潤い」「安らぎ」「癒し」「憩い」「寛ぎ」「あたたかみ」「温もり」「味わい」「優しさ」「和み」「深み」などの場が絶対的に不足した生活を強いられることになるかもしれません。

### （5）人に頼るなという教え

　利用者の立場に立つと，幼少期から「人に頼るな」と教えられた人も多くいます。すなわち，「自分のことは自分でやりなさい」「努力しなさい」「何事も根性です」と言われ続けた人が多いと思います。そうすると，人に助けを求めることができなくなることが考えられます。人に助けを求めることは「情けない」「いたたまれない」「やるせない」「受け入れられない」という感情をもってしまう場合が少なくありません。4つ目の原因は，人に依存することに対しての自己嫌悪，恥，憎悪などの感情が障害になっていることが考えられます。

図3-2　これからの介護の方向性——双方向で思いを語り合う介護

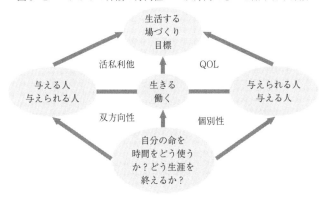

## 3　ナラティブ情報を手掛かりにした介護

　では，どのように考えたらよいのでしょうか。図3-2を見て下さい。こ
の図はホスピタリティマネジメント理論に基づいて介護のあるべき姿を表し
たものです。以下，この図を基に，前節で取り上げた問題点の解決策につい
て解説します。

### （1）当事者間の壁を壊す——一方向的な理解に基づく介護から抜け出そう

　まず考えなくてはならないことは，一般に「介護する人」「介護される人」
というように，当事者の間に壁を作っていることではないでしょうか。すな
わち，立場を固定化するという捉え方がないかという点です。立場を固定化
することで，介護する人が介護しやすいように，またクレーム（Claim）が
出ないようにすることが求められるようになるといえるでしょう。

　そして，経済性の一つである効率性が重視されるようになります。このよ
うな状態が続いていくことで，ますます一方向的な理解に基づいた働きかけ
が，主になっていくのではないでしょうか。まずは，この点を変える必要が

あります。

　介護される人は，何かを与えられる一方かといえば，与える人にもなる可能性があります。この点に焦点を当てた介護にすることで，「高齢者の気持ちを受けとめ，まだできる能力に目を向けて，その人らしく生きることができるように，その人を丸ごと受けとめ応援する介護」にすることができるのではないでしょうか。

### （2）ナラティブ情報は人間の叫び

　その手掛かりになるキーワードが，ナラティブ（Narrative）です。ナラティブとは，以下の①〜⑧を明らかにすることで得られるものです（野口編 2009）。

①　その人がどのように生きてきたのか。
②　どのような生き方をしてきたのか。
③　その人の思いや考えは何か。
④　その人にはどのような癖があるか。
⑤　好きなことは何か。
⑥　得意なことは何か。
⑦　どのような経験をしてきたのか。
⑧　生きていく上で大切にしていることは何か。

　これらの「ナラティブ情報」にフォーカスした介護を推進すると，どうなるでしょうか。一人ひとりが自分で自分の人生や生き方，生活スタイルを選択できる介護，双方向で共に関わり合い働きかけ合う介護を目指すことができるようになります。一方向的に働きかけることで，近づかず，目を合わせないでいると，高齢者の方々の感情はどうなるでしょうか。たとえ短時間であっても，「いたたまれない」「突き放された」「尊重されていない」「嫌われ

ている」「怒りを感じた」「時間が長く感じた」というように，孤立感や孤独感を感じるようになるでしょう。それが積み重なるとどうなるか。後戻りできない人間関係になってしまいます。しかし，お互いが顔を合わせることで，また目の高さを同じにすることで，「ほっとする」「安心する」「くつろげる」「支えられていると感じられる」介護にすることができるのです。ここに，これからの介護のポイントがあります（第5章5参照）。

### （3）QOL を高めよう

　私たちは，なぜ，「ナラティブ情報」にフォーカスするのでしょうか。図3-2にある通り，利用者一人ひとりに対して個別的に QOL（Qaulity of Life）を高めることができるからです。QOL は，生命，人生，生活の質のことで，主観的な心身の状態，生きることについての心理的な安定，社会との関わりの中での役割などが重視されています。それは，利用者一人ひとりの「何をどのようにしたいのか」の中に，その人がどう生きていきたいのかの答えがあるからです。たとえば，高齢者に「一人で歩けるように，もう少しがんばりましょう」と言って行動を促すとします。そうすると，私からの働きかけを受けとめて，「うん，やってみよう」と言って行動する場合があります。その行動が，今度は私を励まし，勇気を与えてくれるのです。まさに「与えている人」が「与えられる人」になる瞬間です。また，「与えられる人」が「与える人」にチェンジする瞬間を共有できるのです。

### （4）双方向で思いを語り合う介護へ

　介護する人は，自らの生命をどう使うのか。自らの時間を誰に対して使うのか。また，利用者は自らの生涯をどう終えるのか。これらの問いに対して一つの解を導き出そうと生活しています。そのような生活を通して交流し，双方向で思いを語り合うことが大切になります。なぜならば，介護は正解のないテーマだからです。介護者と利用者が「活私利他」「QOL」「個別性」

「双方向性」などのキーワードを自分の側において，お互いに感じ合い探り合いながら見えてくるのだと思います。そこに目標のようなものができてきて，お互いに共有することができれば，一緒にプロセスをつくっていく活動になります。この姿が，ホスピタリティマネジメントの目指すところです。

### （5）事例から学ぼう

　以下の事例は，インタビュー調査によるものです。

　①　ヘルパーを頻繁に呼ぶ利用者——事例1

　認知症の方がいて，ヘルパーさんを頻繁に呼ぶんです。5分おきぐらいにトイレなんです。一人暮らしでデイサービスを利用されている方です。そういう時は，「いやだね〜」と思います。こちらも面白くないし，つらいんです。ある日，その人に「おいちょかぶ」を40分間教わったことがありました。「ありがとう。勉強になったよ」と言うと，その人が「助かっちゃった。ありがとう」と言うんです。それから，頻繁に呼ぶこともなくなりました。

　②　買い物に自転車で行きたいと言う利用者——事例2

　96歳の人が自転車といっても，三輪車ですが，乗ったんですよ。買い物をしてもらったんです。通常，ないですよね！ ケアマネジャーさんにすぐ電話して，「乗ったんですよ！」と言います。みんなで面白がるんです。面白い方がいいじゃないですか。大切にしているのは，ナラティブです。その人がどのように生きてきたのか，生活歴だけでなく，生きていく上での信条や生き様を引き出しているのです。

　事例1では，交流することで，結果的には効率的に業務を遂行することができています。事例2については，利用者が行いたいことを応援することで，お互いに喜び合うことができています。とかく利用者がやりたいということに，「きりがない」と言って蓋をするような傾向があります。その時の決ま

り文句は「危ないから」「誰が責任を取るのか」というものですが，そろそろホスピタリティ価値に重点を移すことを，検討する時期に来ているのではないでしょうか。これらの事例については，しっかりと個別的に双方向で関わり合いコミュニケーションをとり合っていることがわかります。相手の存在を認めるための働きかけにより，両者の関係が良い方向へ導かれている事例だといえます。その結果，介護者は自らの仕事をスムーズに行えていることに気づくのです。

## 4　介護と医療の関係——自己決定の重要性

　介護の現場は，利用者の方々が生活するところです。そして，医療は生活の一部です。なぜ，このようなことを言うのかといいますと，介護と医療には密接な関係があるからです。

### （1）介護の中の医療
　図3-3で示すように，「介護の中に医療がある」と捉えることができます。そのように考えることで，「高齢者の気持ちを受けとめ，まだできる能力に目を向けて，その人らしく生きることができるように，その人を丸ごと受けとめ応援する取り組み」にできるのです。医療も介護も，その対象は生身の人間です。人間の価値や生命の尊厳を，経済的指標からのみで語ることは厳に慎まなければなりません。それは，医療も介護も本人が何をどうしたいのか，すなわち，本人が自己決定することが基本だからです。そのために，私たちは自分の生命，人生，生活を人まかせにするのではなく，緊急時を想定して事前に準備しておくことが求められているといえるでしょう。

### （2）双方向で個別的に関わる
　ホスピタリティ価値の特徴である「双方向性」や「個別性」は，自己決定

図 3 - 3　生活を起点にした医療と介護の位置づけ──介護と医療の相互関係

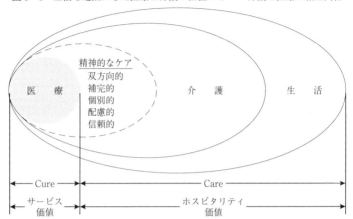

する上で欠かせない要素です。では,「個別」とはどのように理解したらよいのでしょうか。それは,文字通り,一人ひとりに対して対応することだといえます。たとえば,サルコペニア（Sarcopenia）からフレイル（Frailty）に陥ることはよく知られています。サルコペニアが筋肉の減少と喪失であるのに対して,フレイルは筋力,疲労感,活動能力,認知能力,栄養状態など幅広い要素を含んでいます。

　生活の中に介護があり,介護の中に医療があるといえます。また同時に,ケア（Care）の中に病院が行う治療（Cure）があることがわかります。したがって,医療にも精神的なケアが求められているのです。

　介護や医療にこれらの視点がないと,どうなるでしょうか。医療と介護の連携と称し,また薬の効能効果が低下しているとして,薬が増量されるかもしれません。このことによって,ポリファーマシー（Polypharmacy：多薬剤処方）による認知症,嚥下障害,転倒などを引き起こす危険性が高まります。なぜでしょうか。薬の副作用とは判断されず,一般的に高齢者ということで,加齢に伴う老化の進行で薬の効能効果が低下していると判断されることが少なくないからです。

## （3）個別的な把握と連携

　一方向的な判断に基づいた関わり方や働きかけによって，入院後は当該の病気については治癒したものの，入院前の生活とは同じようにできなくなることが考えられます。特に低栄養や加齢による筋肉量の低下によって，筋肉の喪失，体重の減少，疲れやすさの自覚，歩行速度の低下，活動量の低下，エネルギー消費量の低下，食欲の低下，慢性的な低栄養など，虚弱や脆弱なフレイル状態が固定化されるケースが見受けられます。高齢者がこのような事態に陥らないようにするためには，一人ひとりを個別的に把握するホスピタリティ価値に重点をシフトすることが求められているのです。

　また，これまで以上に薬剤師と連携することが重要です。ちなみに，連携という言葉の背景理論は，「自律」「交流」「補完」をキーワードとするホスピタリティマネジメントです。要介護状態になることをいかに防ぐか。健康状態に戻れるかどうかは，フレイル状態かどうかの診断にかかっているといっても過言ではありません。それには，医師による判断だけでは見逃すことも少なくなく，介護福祉士，管理栄養士，看護師，理学療法士，薬剤師との連携が不可欠です。他職種との連携が鍵を握っていることから，「自律」「交流」「補完」を旨とするホスピタリティマネジメントが有効です（第6章1参照）。

## （4）介護にもインフォームド・コンセントは有効

　このように連携を進めていくには，神の被造物である人間が相手であることから，その人間存在についてどのように捉えるのか，甚だ一般的な真理が求められてしかるべきでしょう。介護が医療と連携する時には，医療で一般的に言われている「インフォームド・コンセント」の基本的な理念を味方にすることが力になります。

　そして，介護においても同じような働きかけが求められます。インフォームド・コンセントは「医師の説明と患者の同意・承諾を中心にして患者の自己決定を支援する概念」（医療倫理Ｑ＆Ａ刊行委員会編　2005：86）として知ら

れていますが，介護においても適用されてしかるべきでしょう。なぜならば，私たち人間の当たり前がここにあるからです。インフォームド・コンセントの基本的な理念は，患者・利用者自らの心身についての自己決定と自律性の尊重です。自らの意思で選択し自己決定したことについては，その後の自身の行動力が内発的に生み出されることは，よく知られているところです。また自律性については，ホスピタリティのコア概念です。

### （5）「お任せします」から抜け出す

これまでのインフォームド・コンセントについては，内容的には医師の視点から議論されてきました。その点，主導権が医師にありました。医師には説明義務があって，医師自身が一人のプロフェッションとして情報の非対称性を克服しながら，患者との間に相互補完の関係を育てていこうとする努力が必要です。情報の非対称性とは，医療側のみが情報を知っていて，患者側はそれを知らないといった状態のことをいいます。

賢明な患者になるには，ほんの少し自らの身体の状態について知ることから始めます。自らが判断して納得できる決定をすることが，可能になるからです。「すべてをお任せします」という態度では，多くの場合，うまくいかなかった時の責任を追及するようになり，当初の言行と不一致になることが十分に考えられます。

今後，相互補完の関係を形成する上で，患者が行うべきことは何か，また患者が備えなければならない基本的な要件とは何か，等について検討する必要があります。現在は，この点の議論が欠落しています。介護においても検討しなければならない課題です（第6章5参照）。

### （6）インフォームド・コンセントから学ぶ

今後は，インフォームド・コンセントを実施する際に認識しておかなければならない障害の克服とその解決が，マネジメント上の課題です。その理由

は，以下の通りです。医師のところを介護福祉士などの介護に携わる人に，また患者のところを利用者に置き換えても，まったく同様な結論に至ることがわかります。

　「医師と患者の関係が一方向的で固定化されている場合には，両者の共通目的である病気の治癒については相互参加で行えないことを意味しています。インフォームド・コンセントを実施する場合，望ましい姿は医師が診察し診断して治療方法について両者で話し合い，お互いに納得したところで決定することです。患者の側からすると，自分の身体に何が起きいているのか，今どのような状態なのか，何を行うべきなのか，等について知りたいところです。医師のアドバイスがどれ程の安心感をもたらすことか，また医師からの働きかけがどれだけ心強いことか，測り知れないからです。一方，医師は患者の主訴により，これまでの経過や現在の症状について問診するとともに，客観的な検査データに基づいて個別的に最良の治療方法を検討し，治療方針を選択します。その際には，患者が話す病歴も検討対象になります。そこに，インフォームド・コンセントは医師と患者双方が互いの心理面に向き合う行為であるととらえることができるのです。医師は患者に問診を行うことで依存し，患者は医師に診察やその後の治療・治癒について依存します。医師は患者がいなければ成り立たない職業であり，患者は自らが病気に罹患した時に医師が傍らにいなくてはならない存在です。このような『相互依存』と『相互補完』の関係として再認識することの中で，本来のインフォームド・コンセントの概念が成り立つといえます。」（吉原 2016：24）

## 5　利用者による評価

何かを評価する場合，陰に隠れて言うのではなく，表に出してこそ，ホス

ピタリティマネジメントが目的にしている「ゲストの主観的評価価値の最大化」と「働く人の能力発揮の最大化」が叶います。では，どのように考えたらよいのでしょうか。

### （1）Happy・Happy の関係

　これまで見てきたところでは，表2-5（71頁）のゲストの認識で「④ゲストが期待した通りであった」という評価に終始していることが考えられます。そうなると，「満足」という感情のみを対象にして評価されることになってしまいます。そこで，表2-5の①～③も取り込んだ上で介護に取り組むと，働く人も張り合いが出てきて自らの能力発揮を促進するのではないでしょうか。

　また，満足を基本にして「喜び」や「歓喜」といった評価ができるのであれば，利用者のみならず家族も思考の幅が広がり，知恵を出すようになるでしょう。すなわち，頭を抱える状態から脱出するのです。困っていることを困らないように，我慢していることを我慢しなくて済むようにしなければ，これからの介護は良くなりません。

### （2）人間の本質を理解し応援する介護

　人間の成長には限界がありませんので，マネジメントの方向づけさえしっかりと行えば必ず良くなります。これまで一生懸命に働いてきて，その後の余生を尊重し応援する世の中にしていかなくてはなりません。そのためには，どうしたらよいのでしょうか。人間の本質について理解し，それを実現するマネジメントを行うことです。以下は，どれも人間として当たり前の欲求だといえます。

　　「美味しいものを食べたい」「買い物を楽しみたい」「自転車に乗りたい」
　　「近所の友達に会いたい」「生まれ育った故郷に行きたい」「目標をもっ

表3-1　評価項目・着眼点の一例

| ホスピタリティの向上 | 評価の着眼点 |
|---|---|
| ホスピタリティ価値<br>・創造性<br>・個別性<br>・双方向性 | ・個別的な求めに応えてくれる。<br>・気持ちを受けとめてくれる。<br>・双方向で話をよく聴いてくれる。<br>・目標を明らかにしようと働きかけてくれる。<br>・ペースに合わせてくれる。待ってくれる。<br>・まだできることに目を向けて引き出してくれる。<br>・やりたいことを応援してくれる。<br>・アクティビティに創意工夫がある。<br>・不安な気持ちに寄り添ってくれる（安心して暮らすことができる）。<br>・子どもたちとの交流の場がある。<br>・メニューが工夫されていて毎日の食事が美味しい。<br>・病気の予防に対して丁寧に対応してくれる。<br>・身体に対しての不安について丁寧に応えてくれる。<br>・施設が明るい雰囲気で楽しい。<br>・適度に段差があり，トレーニングできるように設計されている。 |
| サービス価値<br>・効率性<br>・協調性<br>・一方向性 | ・施設，部屋，寝床の周りが清潔に保たれている。<br>・お互いのリズムが合うように働きかけている。<br>・お金の出し入れが明瞭に行われている。<br>・決まった時間に食事をすることができている。<br>・決まった日時に入浴することができる。<br>・着る衣服について尋ねてくれる。<br>・お手洗いについても適切に対応してくれる。<br>・薬の管理をしてくれる。<br>・身体を動かすための工夫をしてくれている。<br>・レクリエーションについて工夫されている。 |
| 人間価値<br>・人間性<br>・専門性<br>・共存性 | ・礼儀正しく接してくれる。<br>・あたたかく接してくれる。<br>・明るい挨拶が交わされている。<br>・丁寧な言葉遣いで対応してくれる。<br>・同じ目の高さで話してくれる。<br>・介護の考え方が一貫している。<br>・介護福祉士などの専門家が揃っている。<br>・ルールが利用者ファーストになっている。<br>・約束したことはしっかり行ってくれる。 |

た生活にしていきたい」「旅行に出かけたい」「船に乗りたい」「電車に
乗りたい」「好きなことがしたい」「絵を描きたい」「料理をつくりたい」
「音楽を楽しみたい」「本を読みたい」「洋服を楽しみたい」「着物を着て
外へ出かけたい」「森林浴を楽しみたい」「友人に会いたい」「ペットと
触れ合いたい」「子供たちと遊びたい」等々。

　私たちが生きていく上で，当たり前のことを当たり前のように行うという
基本的な欲求充足がまずは先決です。そのような介護をしていければよいで
すね。特別なことではありません。人間としての当たり前をあきらめてもよ
いのでしょうか。このような当たり前を実現しようとしない介護の場合には，
やりがいを感じながら働きたいという人は介護の仕事から離れていきます。
「人が足らないからできないのよ」「キリがない」「危険だ」「誰が責任を取る
のか」という回答からそろそろ卒業しなければ，介護の将来は開けません。
利用者の欲求や願望に蓋をする介護ではかえって，問題行動を引き起こし介
護者の仕事に支障が出ることが考えられます。そして，自立支援に結びつか
ないことが考えられるのです（第5章参照）。

### （3）満足を超えたところの評価

　評価尺度のスケールについては，表2-5の①～③の領域への到達を競い
合いの励みにすることです。そのためには，以下のようにすると良いでしょ
う。4段階の評価で，左が［感動］，右が［怒り］にして，メリハリのある
評価になるようにします。

---

　　感動・感激・感謝 ― 満足・不満足 ― 失望・がっかり・怒り

---

　このようにすることで，改善の方向性が明らかになり実行力が高まります。
よく5段階にして，真ん中を［普通］や［どちらとも言えない］としている

ケースをよく見かけますが，これでは，どう改善したらよいのかわかりません。なぜでしょうか。評価する人の中に無難な評価にする傾向があり，［感動］や［怒り］などのメリハリの効いた評価を避ける傾向にあるからです。表3-1は評価項目・着眼点の一例で，4段階で評価して可視化することができます。ぜひ参考にしてみて下さい。

**参考文献**

医療倫理Q＆A刊行委員会編（2005）『医療倫理Q＆A』太陽出版。

野口裕二編（2009）『ナラティヴ・アプローチ』勁草書房。

吉原敬典（2016）『医療経営におけるホスピタリティ価値──経営学の視点で医師と患者の関係を問い直す』白桃書房。

Keisuke, Y. & Takase, K. (2013) "Correlation between doctor's belief on the patient's self-determination and medical outcomes in obtaining informed consent," *Journal of Medical and Dental Sciences*, 60(1), pp. 23-40.

（吉原敬典）

### コラム3　笑顔と感情労働の間に

　大手企業に勤める教え子が,「うつ病」と診断され3カ月の休養に入ったと連絡がありました。明るくて何事にも積極的にチャレンジする子です。人当たりもよく,人間関係で苦労するとも思わなかったので,意外な感じがしました。

　しかし,ここ数年の卒業生の顔を思い浮かべると,珍しいことではありません。旅行,金融,通信,メーカーを問わず,営業や接客業,レセプションに就いた多くの若者が,3年目を迎えるあたりで挫折。高い倍率を勝ち抜いて入社した憧れの職業から離れていく。そんなケースに何度となく立ち会っています。「やはり人間関係が難しいのか?」と尋ねると,こんな答えが返ってきます。

　　　「社内の人間関係ならある程度は我慢できます。それよりも仕事自体,『笑顔』が前提になっていることが辛いんです。楽しくもないのに,いつも笑顔でいなければいけない。少しでもブスっとしていると,『この店は感じが悪い』とクレームが飛んできたり,ネットに書き込まれたりします。その笑顔は,直接給料に跳ね返ってくるものではありません。その『ただ働き』の部分がものすごく辛いんです。」

　SNSが普及し,誰もが生活情報を世界に発信できる時代。10年前では考えられないほど普通の人が被写体になる機会が増えました。いつも笑顔でいなくてはならない若い世代の緊張感は,並大抵のものではありません。

　　　「学校も同じです。真剣に教えているのに,すぐに『怖い先生』と言われる。もう限界です。そういうことを言われずに,勉強だけ教えていればいい進学塾に移る予定です。」
　　　「病院もそう。わがままな患者さんを叱ったら,『態度が悪い!』とものすごいクレームです。だから私,職場ではずっと『赤ちゃんことば』を使っています。」

　笑顔など身体や頭脳とともに「感情」も重要な要素になる労働を「感情労働」といいます。アメリカの社会学者であるA. R. ホックシールドによって提唱されたもので,「肉体労働」「頭脳労働」に次ぐ労働の柱になるとされています。
　この「感情労働」は,ホスピタリティマネジメントではどのように扱われるのでしょうか。従来の新古典派経済学における「経済人仮説」,つまり短期利益を最大化することが目的であれば,「笑顔」はたとえ「無償」でも,人に悪い感情を抱かせる

ことなく，ポジティブなイメージを担保できる「自己利益最大化のマネジメント」と言うことができます。「笑顔」というサービスで自己評価が上がり，営業成績に跳ね返る可能性を秘めているのです。

　しかし，「ホスピタリティマネジメント」は，経済学を起点とした自己利益の最大化を目的としていません。これは「利害関係者との共存可能性を探る」活動なのです。人に出会い，共に過ごす上でのマナーとしての「笑顔」は当然必要なものです。しかし，苦しい時にも笑顔を強いられるのでは，「利害関係者との共存可能性を探る」ことは極めて難しいのではないでしょうか。

　サービスの行き着く先は，自分の期待する水準にたどり着いたという「満足感」なのでしょう。しかしホスピタリティは違います。達成感や充実感の先にある「幸福感」を利害関係者が味わえること。それが「共存の可能性を探る活動」の源ではないでしょうか。

　4年前，私は腎臓がんの手術をしました。私の手術をした医師は，大変無口で感情を一切顔に出さない人でした。がんの告知も手術前の「インフォームド・コンセント」も淡々としていました。希望を持たせることもなければ，不安になるようなことも言わない。その分，長く続く生存の可能性や再手術，後遺症の説明も無駄に怯えずに聞くことができました。手術の前日も手術後も無駄なことは一切言わない。笑顔や励ましの言葉も一切ありません。しかし，嫌な感じはしませんでした。この少ない言葉の中でなぜ悪感情が起きないのだろうかと思い探ってみると，意外な結論に行き着きました。

　「では，治していきましょう」「フォロー検査でみていきましょう」と文末が「〜しょう」で終わるのです。「Let's」の文体で多くが語られているのです。笑顔はなく，感情も示さず，そっけない態度です。しかし，この先生は常に「共存の可能性」を探し続け，病気の治癒と Quality of Life という共通の目的を達成するために寄り添ってくれていたのです。それが双方の満足感につながる道だと固く信じているようでした。

　今振り返ると，この態度こそが，「医療サービス」ではなく「医療ホスピタリティ」でした。笑顔を労働にするのではなく，互いの信頼関係を築いた所から笑顔が生まれてくる。この姿勢こそが「ホスピタリティマネジメント」の基盤ではないでしょうか。

（ひきたよしあき）

第Ⅱ部

事例で見る
ホスピタリティマネジメント

<table>
<tr><td>第4章</td><td>サービスからホスピタリティへ<br>──環境要因を変更して「価値」を変える</td></tr>
</table>

　本章では，筆者が実際に，介護現場において実践した事例を中心に，ホスピタリティマネジメントを通じた環境要因の変更が，現場全体にどのように影響を与え，ケアマネジメントに影響を与えたかを解説します。

　まず，その前提として「①介護現場を取り巻く環境の変化」を考慮することにより，現在の介護がどのように行われ，また，どのような問題点が挙げられるのかを明確にしていきます。次に「②サービス価値としての介護」の事例を数事例挙げ，①の問題点を踏まえながら，サービス価値のみによる介護の限界点について述べていきます。

　続いて「③ホスピタリティ価値としての介護」の事例を挙げ，②で浮き彫りになった問題点に対し，ホスピタリティマネジメントにより解決できた実践例を述べていきます。そして，それらを包括的に捉え，さらに相互補完的な介護のあり方について考察します。

## 1　未曾有の高齢社会における介護現場の現在

### （1）現在の介護人材を取り巻く環境

　介護労働安定センターの調査によると，従業員の過不足について「大いに不足」「不足」「やや不足」と答えた事業所は全体の67.2％だったのに対し，「適当」と答えた事業所は32.4％でした（介護労働安定センター 2019）。また，2015年度の介護職員数は推計値で167〜176万人ですが，高齢者人口が最大となる2025年度には，237〜429万人が必要とされています（厚生労働省社会・援護局 2014）。

一方で，介護事業所は，これまでの画一的な介護から利用ニーズの多様化への対応，自立支援への取り組みなど，さらに高度な専門性が求められており，介護そのもののあり方と，人材確保や育成へのマネジメントが一義的に求められるようになりました。

また序章でも前述したように，介護現場の人材不足等の問題は喫緊の課題です。筆者はそれにより，主に「過度な効率化の奨励」「人材定着率の低下」という2つの問題が発生していると考えています。

1つ目の「過度な効率化の奨励」については，介護現場は利用者の地域生活の延長線上にあり，個々の生活を支えるために様々な活動が提供されています。当然，それには多くの人の手が必要ですが，人材不足のため十分に行えないことが多く発生します。たとえば，週2回行っていた入浴が週1回になる，月に1回の外出が行えない，あるいは利用者が各自の居室で過ごすと十分に目が行き届かないため，利用者の意思とは無関係に，日中は1カ所に集合させて過ごさせるといった支援側だけの都合で，現場のオペレーションが決められてしまうことも珍しくありません。

もちろん，それ自体も問題ですが，さらに深刻なのは，多くの場合，そのオペレーションが標準化してしまい，人材が充足した後も，本来のオペレーションに戻すことなく，結局，利用者側が質の低い介護の提供を受け続けることにあります。

2つ目の「人材定着率の低下」は，採用の段階において「誰でもとりあえず採用する」という採用管理の甘さが招くものです。介護施設には「人員配置基準」という法令で定められた人員配置をクリアしておくことが求められています。ですので，経営側からみれば「誰でも良いから，とりあえず配置しておきたい」という思惑がある一方で，現場としては「きちんとしたマインドのある人を採用してほしい」というギャップが生じています。その結果，採用後に現場で仕事を教える側も教えられる側も，大きな負担感を感じることになり，結局その双方が退職するケースも多発しています。

　さらに，採用された側が介護の仕事に対する高いマインドを持って就職したとしても，既存スタッフのモチベーションが極端に低かったり，前述の「過度な効率化」が行われている現場であったりする場合，自らの志を果たせないと感じ早い段階で退職するケースもあります。

　そこで本節では，まず前述のデータを基に，介護を取り巻く環境について内部環境要因と外部環境要因に分けて整理し，具体的に，どこに課題があるのかを明確にしていきます。

　筆者は，2014年から介護保険法に基づくデイサービス事業の管理者と生活相談員をしていました。このデイサービスは，同年，新規に岡山県倉敷市の指定を受けて創立されたものであり，筆者は2019年7月まで様々な形で携わっていました。現在では，障害者総合支援法に基づく生活介護事業を経営していますが，いずれの事業も，共通する課題として挙げられるのは「介護人材が何を目指して働いているか」です。

　筆者の法人にも経営理念がありますが，介護人材が個人の力量のみでそれを実践していくことについては，非常に困難であることを実感していますし，反対に，あまりに管理的で主従的なシステムによって，それらを達成しようとした場合，多くの反発を生み出し，適切なケアそのものが成り立たないことも考えられます。

　それに解を与えてくれるのが，ホスピタリティマネジメントを活用した介護事業の経営です。これにより，介護人材が働く意義を自らの意思でつくり出すことができるとともに，利用者や他の関係者との共創によって，さらに相互成長へと導いてくれるものであると考えています。利用者への専門的なケアを通じて，介護人材が成長し，組織そのものが成長していくプロセスにおいて，それぞれが主体者として活躍できる場をつくる仕組みづくりであるといえます。

　つまり，近江商人の経営理念である「買い手よし」「売り手よし」「世間よし」の「三方よし」の関係性であり，介護する側・される側の関係性を超え

た人と人とのつながりの中で，相互成長し相互貢献していくことが，これからの介護に最も求められてくる仕組みであると考えています。

### （2）ニーズの多様化と人材確保の困難さという内部環境要因

介護施設は，介護人材や利用者等による組織関係者が，共に交流することで成り立っています。しかし，「介護人材不足」が深刻な問題となっていることは前述の通りです。AI や ICT の活用により克服できる問題もありますが，多くの介護業務は人の手を介さなければ提供できない場面が非常に多く，その効率化にも限界があります。

加えて，利用ニーズの多様化により，さらに人手が必要となっており，必要に応じて，非常に高い専門性が求められています。

#### 1）人材確保の困難さ

特別養護老人ホームや通所介護サービス（以下，デイサービス）は，2000年に施行された介護保険法によって定められた事業所で，その運営には「設備基準」と「人員配置基準」という２つの指定基準が設けられています。

特に「人員配置基準」については，職種やその配置数を細かく定めたものであり，事業所は，これらの基準を最低限クリアしておくことが求められています。しかし，前述の通り，介護人材は慢性的に不足しており，「設備がそろっていて利用希望者もいるのに，スタッフが不足しているので開所できない」あるいは「スタッフが配置できないから閉鎖せざるを得ない」といった事業所が増えている事態は，もはや珍しいことではなくなりました。

それは，ここ数年の景気の上向きにより，新卒者は，福祉や介護の学校を卒業しても，賃金や待遇の良い一般企業に就職したり，中途採用者も，転職先を一般企業にすることが常態化していることも，要因の一つだと考えられます。

#### 2）利用ニーズの多様化

介護が家族による相互扶助であった時代の利用ニーズは，まさに「介護」

が中心でした。いわゆる３大介護といわれる「食事」「入浴」「排せつ」という生活していくために必要な日常生活動作を，本人やその家族に代わって安全に行うことが介護人材に求められるスキルでした。

　しかし，医療や介護機器の進歩により，本来，入院や，入所施設に生活の場を移していた高齢者が，在宅で生活することができるようになり，当然，その介護に携わる介護人材に求められるスキルが大きく変化してきたといえます。

　その中で最も変化してきたのが，介護保険法第一条でも謳われている「自立支援」の考え方です。介護は本来，加齢にともなう疾病や怪我に対して，「できなくなったことを補う」というサービスでしたが，介護保険施行後から，リハビリテーションの視点が必要となり，環境を整えることにより「現在の状態を維持する」あるいは「さらに，自分でできることが増える」ということが，介護のあり方について求められるようになりました。

　結果，利用ニーズも日常生活動作を補うだけではなく，高齢者それぞれの人生観や価値観に沿った介護が必要となりました。


### （3）社会資源・産業として確立したことによる外部環境

　介護施設は，前述の組織関係者に加え，他事業所や他専門機関との連携により支援を展開することも少なくありません。つまり，「社会資源としての介護」として，地域から求められる施設であり続けるという使命を帯びているのと同時に，それは利用ニーズの変化に柔軟に対応していく必要があります。

　また，それらのきめ細やかな介護は，すでに日本だけでなく，特にアジアに向けた重要なコンテンツとして展開している事実があります。

#### １）社会資源としての介護

　前述の通り，介護は本来，家族によって提供される相互扶助の上に成り立っていました。また何らかの理由で介護事業所を利用する際は，地方自治

体が利用先を決定し，その委託分を措置費として事業者に支払う措置制度で行っていました。財源もすべて税金で賄われており，利用者負担もほとんどなかったため，利用者やその家族にとっては，「介護していただく」という考え方が一般的であり，また，そのほとんどが社会福祉法人によって運営されていたため，完全な売り手市場でした。

しかし，介護保険制度施行後からは一般企業にも門戸が開かれたため，「介護バブル」という言葉が飛び交うほど，地元の中小企業を中心に，他業種から介護事業に参入する企業が増えていきました。その結果，デイサービス等の居宅系サービスは飽和状態となり，現在では買い手市場に転換している事業も少なくありません。

また，「地域包括ケアシステム」<sup>(3)</sup>が導入されたのを機に，介護報酬は利用実績に応じた基本報酬部分が改定の度に減額され，一方で，様々な自立支援や専門的なケアに取り組んでいる事業所には加算部分で評価するという時流になってきました。

つまり，介護事業所は「そこにある」ということだけでは評価されず，地域の介護拠点として何らかの役割を担い，重要な社会資源としての存在になることが求められるようになりました。

### 2）産業としての介護

現在，内閣府や経済産業省が推進している「アジア健康構想」においては，日本の「介護」を非常に重要な「輸出品」として捉え，日本同様に高齢化するアジア圏域の高齢者市場をリードしていく取り組みがなされています。

特に，富裕層をターゲットにした有料老人ホームやリハビリテーション施設はすでに運営が始まっており，日本の介護のノウハウが，アジア圏域全体で活用されています。

## 2　サービス価値のみに囚われた介護の限界点と問題

　本節では，サービス価値としての実際の事例を挙げながら，その限界点がどこにあり，どのような問題が起こりうるのかを明確にしていきます。

### （1）サービス価値としての介護

　介護保険施行後，「介護サービス」という言葉が多用されるようになりました。措置制度での介護は地方自治体や社会福祉法人が提供する公的な色合いが強いものであり，当時は，あまり「サービス」という言葉が使われることはありませんでした。一般的に，サービスという言葉には，「無料」「おまけ」「行為そのもの」という意味が含意されており，お気軽に受けられるものや行為というイメージが定着しています（第1章3参照）。

　介護サービスという言葉は，行為そのものを指す意味での「サービス」として使用されています。例えば「家族が不在の間，トイレ介助をしてほしい」というニーズに対して，「ホームヘルパーが身体介護として，トイレ介助を行う」という，ニーズに対してそれを介護する行為そのものを「サービス」と呼んでいます。つまり，サービスとは「対価を伴う活動・機能の効率的な提供」（吉原編著 2014：4）であり，表4-1に挙げた要素を含んでいます。

　それでは，それら要素についてのいくつかを，介護の実際と照らし合わせて考えていきます。

### （2）サービス概念による各要素のケアの実際

#### 1）目的→効率性の追求

　「目的→効率性の追求」は，介護が家族からの相互扶助ではなく，仕事として行う以上，時間的な制約が生じてきます。また，多くの介護事業における介護報酬も時間によって設定されているため，いかに効率的にサービスを

提供するかというのは，経営上の大きな課題となります。

　たとえば，ホームヘルパーの場合，30分の利用で買物，夕食作り，掃除等の家事援助を行うこともあります。時には，利用者の体調が悪い等の事態が生じた場合は，他機関へ連絡調整するなど，想定された時間以上の業務を行わなければならない状況も少なくありません。

　前述の介護労働安定センターの調査によれば，「働く上での悩み，不安，不満等について」という項目では，「身体的負担が大きい」が30.2%，「精神的にきつい」が26.3%，「休憩がとりにくい」が23.2%と（介護労働安定センター　2019），多くの介護人材が，効率性の重視によって，疲弊している姿が見て取れます。

表4-1　介護サービスに含まれる要素

| 項　　目 | 要　　素 |
|---|---|
| 顧客価値 | サービス価値 |
| 目　的 | 効率性の追求 |
| 人　間　観 | 道具的 |
| 人間の特徴 | 他律的・受信的 |
| 関係のあり方 | 上下・主従的 |
| 関わり方 | 一方向的で固定している |
| 組織形態 | 階層的 |
| 情　　報 | 一方向・伝達的 |
| 文　　化 | 集団的・統制的 |
| 成　　果 | 漸進的 |

出所：吉原（2005：26）を筆者再構成。

### 2）「関係のあり方→上下・主従的」

　「関係のあり方→上下・主従的」は，利用者を顧客として捉えた場合，介護人材は従事者という関わり方になります。この上下・主従的関係による介護により，介護事業所が収益を過度に重視し，あまりにも利用者に迎合するあまり，「パチンコデイサービス」「マージャンデイサービス」のような，本来の目的とは逸脱した形態のデイサービスが生まれました。兵庫県神戸市はこのような形態のデイサービスを問題視し，2015年9月に，このような「アミューズメント型」のデイサービスの新規指定をしない条例を作りました。[4]

### 3）「関わり方→一方向的で固定している」

　「関わり方→一方向的で固定している」は，介護を受ける側と提供する側が固定しており，介護人材が利用者に対し，一方向的に介護を提供し続けるということが一般的になっています（第1章3・第2章7参照）。

　前述の介護労働安定センターの調査によると，介護人材が「仕事を選んだ理由」として多かったのが，「働きがいのある仕事だから」が49.3％，「人や社会の役に立ちたい」が29.5％，「お年寄りが好きだから」が22.7％と（介護労働安定センター 2019），本来，介護の仕事に対して使命感ややりがいを持って働いている人材が多く，この固定化された関係においても，それらを糧に仕事をすることができていました（序章3参照）。

　しかし，介護事業所の過剰供給，人材不足，利用ニーズの多様化，専門的ケアの提供等のあらゆる時代変化により，もはや，使命感だけで適切なケアを一方向的に提供しつづけることは困難になってきています。

## （3）働き方と利用ニーズの多様化による共通理解の低下

### 1）人間観の変遷による共通理解の低下

　昨今，施行された，いわゆる「働き方改革法」に代表されるように，介護人材に限らず，「働き方」も大きく変化しつつあります。本来，介護人材は，仕事を通じて社会的な価値を得ようとする「社会的人間観」，あるいは潜在的に持っている自己成長や達成の可能性実現を得ようとする「自己実現的人間観」（吉原 2005：19-26）によって，仕事への価値を見出していました。

　「困っている人がいれば真っ先に助ける」というマインドの持ち主が，介護の現場を支えており，介護を提供している利用者の役に立っているという使命感によって適切な介護が提供されていました。

　しかし，介護が産業として一般企業化した今日，それらの共通理解はすでに一部で崩壊し，介護人材による高齢者虐待が社会問題となっています。神奈川県川崎市では，2012年に介護職員が利用者3名を転落死させるという事件が，東京都中野区の老人ホームでも，2017年に同じく介護職員が利用者を溺死させるという事件が起こりました。

　これらの事件から見て取れるように，介護人材のすべてが使命感に基づいて仕事をしているとは限らず，「介護人材＝良い人材」という共通理解は前

時代的であると言わざるを得ません。

特に，「食事」「入浴」「排せつ」といった身体介護だけでなく，「認知症ケア」のように，精神的な負担を多く強いられる介護も増加してきており，介護人材は，サービスとしての介護に疲弊しているのが現実です。

### 2）利用ニーズの多様化による共通理解の崩壊

#### ①　個別性・専門性の高いケアが求められる時代

加えて，利用ニーズの多様化により，個別の対応が当然のように求められるようになりました。提供されるメニューも，以前であれば「集団的・統制的」なものが一般的で，カラオケ，手芸，将棋，体操等の集団的レクリエーションを，介護職員が利用者に一方的に提供することがスタンダードでした。当然，それを好まない利用者も存在し，そのメニューに参加しない利用者を問題視するといったことも多く認められました。

一方，現在では，そのような目的のない集団的レクリエーションは，介護報酬上でも，ほとんど評価されない時代となりました。つまり，「ただ，利用者が喜ぶようなことをして時間をつぶしていたら，それで良い」という共通理解が低下し，個別性の高い専門的な介護が求められるようになってきているということです。それでは，筆者が経験したサービス価値のみによる介護の限界点に関する事例を挙げたいと思います。

#### ②　仕事復帰を望んだ男性に対するサービスの失敗──事例1

本事例は，60代男性の事例です。脳梗塞による半身麻痺があり，新築の1軒屋で，妻，息子夫婦，孫の5人で暮らしています。10代の頃より，内装業を仕事としており，30代の頃に独立し，個人事業主として息子と2人で会社を営んでいました。

仕事中に発症し，急性期，回復期を経て，6カ月で在宅復帰しました。ご本人の希望としては「早く仕事に戻りたい」とのことだったので，地元のケアマネジャーを通じて，筆者が勤めるデイサービスの利用を開始しました。

元々，気さくでよく話をされる方であり，スタッフや他の利用者とも会話

をしながら，週2回ほど利用していました。リハビリメニューも一通り行い，利用開始したばかりということもあり，スタッフは「あまり無理せず，休憩しながら行って下さいね」と，オーバーワークにならないように一定の配慮をしながらメニューを提供していました。5回ほど利用した後，ケアマネジャーから突然に「本人がもう辞めたいと言っているので，利用中止とさせて下さい」と連絡がありました。

　利用中やその間に，特段，不満や苦情がなかったため，事の真意を確かめると，ケアマネジャーより「本当は，本人から言わないでほしいと言われたのですが，そちらを利用している間，リハビリのためにしっかり身体を動かすよりも，じっと座って話をすることが多く，これでは身体を治して早く仕事に戻れないと思ったらしいのです。自分は，しっかりとリハビリをして，早く仕事に戻ることを目標にしていたのに，ゆっくりと過ごす時間が多く，そのギャップに不満を持たれていたようです」とのことでした。

　その後，この利用者は，他のデイサービスをご利用されることとなり，以前のようにとはいきませんが，会社の事務として仕事復帰されたとのことでした。


　この事例では，スタッフは決められたメニューを決められた通り確実に利用者に提供しており，それについては何ら落ち度はありません。加えて，健康に配慮した声かけや，家庭での運動を提案する等，一定の配慮も行っていました。

　しかし，その決められた通りのメニューの提供は，「一方向的，マニュアル的，集団的，義務的」であったため，利用者の細かなニーズを摑みきれず，結局，利用中止となってしまったのです。

　ここにサービス価値としての介護の限界があり，また，この事例のような出来事は，どの事業所でも起こりうることです。スタッフは決められた通りに行ったのに利用者が不満を持つと，スタッフには「なぜ？」という不安感

が生じます。場合によっては，「あの利用者が悪い」と，その責任を利用者自身に転嫁してしまうことも日常的にあることです。

　また，「そもそも，このメニューをする意味があるのだろうか？」というメニューそのものへの不信感が生じ，結果，メニューの質が低下していくということも考えられます。

### 3）サービス価値が必要とされる業務の実際

　では，介護にはサービス価値は不要なのでしょうか。実は，介護の現場には，食事介助，入浴介助，排せつ介助，移乗等の実際の介護を提供する「直接業務」と，それ以外の記録や会議といった「間接業務」があります。介護保険の指定を受けて行っている事業は，法令に沿って行う必要があるため，当然，それらの確証たる手続きが必要となります。

　たとえば，介護計画書，モニタリング，アセスメント，事故報告書，個別介護記録等は，制度上，記録と保存が義務づけられており，その内容についても細かく規定されています。また前述のように，きめ細やかな介護が必要とされる今日，これらの記録物は，専門的ケアを実施するにあたり，非常に重要な業務となっています。行政側からも数年に1度，実地指導という形でチェックが入り，記録がないなどの不備が認められた場合は，介護報酬を返還する必要があり，そうなると法人全体の信用にも関わってきます。

　その他にも，社内業務である日報や月報，研修，各報告書，稟議書，会議等を含めると，大変多くの間接業務が存在することがわかります。しかしながら，これらの業務については，本来，不要なものも多く含まれており，慣例的に行っている二重の記録や会議等などについては，ICT の利用等で十分に効率化を図り，できるだけ利用者のために使える時間を多く確保していくことが求められます。

　また，危機管理等のスピード感が求められる業務については，ルールに従い，階層的で一方向的な業務設計が求められます。昨今では，災害対策，感染症対策，虐待防止対策については，細かなマニュアルの策定と強いトップ

ダウンによる迅速な対応が必要とされています。

　加えて，各介助の段取りや，送迎方法等の現場のオペレーションについて
も効率化するために，随時，チェックしていくことも大切です。このように，
介護にとってサービス価値は，実際の介護にとってはそれだけでは不必要で
あるということではなく，適切な事業推進のためには重要な存在だともいえ
ます。


## 3　ホスピタリティ価値も踏まえた介護がもたらす効果

　本節では，前節のサービス価値としての介護で挙げられた問題点を解決し
ていくためには，支援者としてどのような心構えが必要であるのか，また，
それをホスピタリティマネジメントを通じて解決した実際の事例を通じて，
明らかにしていきます。


### （1）ホスピタリティ価値も踏まえた介護とは何か

　本項では，ホスピタリティマネジメントに基づいた介護の実際を考察する
とともに，今後，どのような取り組みが必要かについて，考察していきます。
前節では，サービス価値による介護には限界があることを明らかにしました
が，それを解決するためには，ホスピタリティ価値に大きなヒントがありま
す。

　サービス価値とホスピタリティ価値の違いについては，第Ⅰ部でご参照い
ただいた通り，すべての項目で相反していますが，ホスピタリティ価値には
介護との親和性が高い要素が多く，サービス価値での限界を解決してくれる
要素を多く含んでいることが見て取れます（第2章参照）。

　またホスピタリティ価値の特徴は円卓的で，相互作用的な関係性の中でお
互いに影響し合いながら，価値を創造していくことが挙げられます。筆者は，
実際に介護の現場において，「価値を創造する」というプロセスを体現する

ためには，極めて個別性を高めたホスピ
タリティ価値におけるケアマネジメント
の必要性を感じました。それは，高齢者
となって介護が必要になった「要介護
者」として接するのではなく，それまで
数十年と生き，多くの人を支え，また支
えられながら生きてこられた「一人の
人」としての人生に焦点を当てたところ
から，スタートしていくということです。
それでは，ホスピタリティ価値に基づい
た介護の事例を紹介します。

**表 4-2**　ホスピタリティ価値に
含まれる要素

| 項　　目 | 要　　素 |
|---|---|
| 顧客価値 | ホスピタリティ価値 |
| 目　的 | 価値の創造 |
| 人 間 観 | 価値創造的 |
| 人間の特徴 | 自律的・発信的 |
| 関係のあり方 | 対等・相互作用的 |
| 関わり方 | 共に存在し働きかけ合う |
| 組織形態 | 円卓型 |
| 情　　報 | 共感的・創造的 |
| 文　　化 | 個別的・創発的 |
| 成　　果 | 革新的 |

出所：吉原（2005：26）。

### （2）立体的な生活を可能にする支援

　次の事例は，要介護状態になった一人暮らしの高齢者が支援を通じて，居
場所を得たのにとどまらず，一人娘との交流を再開したものです。「できな
いことを補う」というサービス価値だけではなし得なかった，関係者同士の
「目的の共有」が，それを可能なものにしました。

#### 1）目的を中心にしたチームでのケア

　①　円卓型組織だから生まれた父親としての顔——事例2

　Aさん（70代男性）はアパートで一人暮らしをしており，30代の頃に右目
を受傷し失明しました。左目も緑内障のため弱視で，さらに脳梗塞による後
遺症により片麻痺が認められたため，デイサービスの利用を開始しました。
家族は，娘が1人いますが，ほとんど交流がありません。若い頃より土木作
業員として生計を立てていましたが，60代の頃より体力的に限界となり無職
になり，その後，生活保護を受給しています。日中は近所のコンビニまで買
物に行くことが多く，週に数回はカラオケスナックに通うのが唯一の楽しみ

となっています。

　筆者はデイサービス利用開始に伴う会議の日，担当のケアマネジャーから筆者宛に，Ａさんが前日，救急車で運ばれ，その詳細は不明であるとの連絡がありました。会議には，ケアマネジャー，ホームヘルパー，訪問看護ステーション，福祉用具担当者が，デイサービスからは生活相談員として筆者が参加しました。病院から帰宅したＡさんに事情を確認すると「カラオケに行ったところまでは覚えているが，帰りに道路で寝てしまったようで，そのまま運ばれたみたい」とのことで，特段の怪我や病気によるものではありませんでした。

　Ａさんを交えたその日の会議では，「このまま一人暮らしをするのは危ないのではないか」「また病気が再発した時のことも考えて，すぐに入所した方が良いのではないか」「とりあえず，ショートステイを利用して，在宅環境を整えた方が良いのではないか」との意見が圧倒的に多かったのですが，Ａさんは頑として「まだ，ここで暮らしたい。施設には行きたくない」という強い思いを持っており，当面は，会議のメンバーで力を合わせながらＡさんの在宅生活を支えていくことになりました。

　まずデイサービスでは，脳梗塞の後遺症に対するリハビリは当然のことながら，送迎時に毎回，家の中を見回し，変わった様子がないかを確認することとなりました。台所や冷蔵庫に入っているお茶の残量等や食事状態についても把握しました。また，訪問看護ステーションの看護師より，「薬の飲み忘れがないかも確認できないか？」との要望があったため，壁に貼ってある薬袋を見て服薬状況の確認も行いました。時折，飲み忘れて寝てしまうこともありましたが，概ね管理することができていました。

　また，いきつけのカラオケスナックとコンビニに，ケアマネジャーが同行し事情を説明した上で，変わった様子があれば連絡してほしいことを伝え，快諾してもらいました。それ以降，カラオケスナックでは，飲みすぎないように配慮してくれたり，度々，家の途中まで送ってくれたりすることもあり，

再度，道で寝てしまうことはなくなりました。

　コンビニでは，目の影響からお金の出し入れが難しいため，財布から必要なお金を出してほしいことを伝え，毎回，その対応をしてくれたおかげで，コンビニまで行く歩行トレーニングが継続できました。

　病院への定期通院にはケアマネジャーが同行し，その際には必ずデイサービスの様子を医師に伝えてもらい，また医師からの指示もデイサービスに伝えてもらうようにしていました。そのため，心身の変化を迅速に把握することができ，効果的にリハビリを行うことができました。

　その他に，60代の頃より15年ほど親族やご近所との交流がほとんどなく，一人で過ごすことが多いＡさんでしたが，デイサービスでは，Ａさんのユニークで優しい人柄は，すぐに他の利用者にも大変好意的に受け容れられ，非常に楽しく利用していました。

　半年ほどしたある日，筆者はＡさんより「娘はどうしているのだろうか」と突然相談されたため，ケアマネジャーに相談することにしました。長年，交流がなかったため，まずはケアマネジャーから娘に近況を伝え，その後Ａさんが直接電話連絡することとなりました。

　数日後，Ａさんより「久しぶりに娘と話ができた。今度，墓参りに一緒に行こうということになった」と大変嬉しい報告を受けました。実際にお墓参りに行き，それ以降，定期的に娘との交流も生まれました。

　それから1年ほどして，住んでいたアパートが取り壊されることとなり，Ａさんから「もう十分楽しんだし，自分でも危ないと思うことが増えてきたから施設の人にお世話になるかな」と希望され，入所施設へ入居されました。

　当初，多くの支援者が「何かあったら大変」というリスクを重視し，その時点での施設入所を勧めていく支援は，1つの方向性としては間違ってはいません。では，なぜ，Ａさんは入所施設に入居するまでの1年あまり，主体的な生活を送ることができたのでしょうか。以下，解説します。

図4-1　Aさんを中心としたチームの編成――Aさん自身もメンバーの一員であった

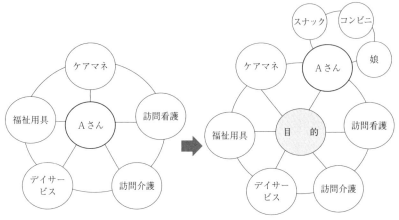

出所：吉原（2005：55）を基に筆者再構成。

②　支援者全員が目標を共有できたこと

　当初，入所施設を勧めていた支援者も，「在宅生活を継続する」という目標のために，それぞれの機能を活かし，どのような支援ができるか理解を共有できたことは，ただ在宅生活が継続できただけでなく，AさんのQOLそのものを高める支援につながったといえます。

　在宅生活の継続のための阻害要因を，各専門機関が連携して共有し，解決できるものは解決し，できないものは代替案を出し合ったり，あるいは他の専門機関に問い合わせたりする等，かなり迅速に対応することができました。

　そこには「自律的」「対等・相互作用的」「共に存在し働きかけ合う」「円卓的」「個別的」要素が存在し，相互に関係性を築きながら支援が展開できた意味では，サービス価値の限界を超えた支援であったと思います。

③　Aさんもメンバーとして活躍した

　支援が開始されるにあたり，Aさん自身が，リハビリに意欲的に取り組んだり，他者との関係性を築いていくなど，主体的に活動していました（図4-1）。特に，娘のことを気遣う父親としての優しい一面によって，娘との交

流が再開され，父親の役割も担うこととができました。それは当初から想定されていたことではなく，まさにホスピタリティマネジメントの目的の一つである「価値の創造」が生まれた瞬間であったと思います。

　結果的には施設へ入居することとなりましたが，それは周囲から在宅でのリスクを指摘されて入居したのではなく，Ａさん自らが，その必要性を強く感じ入居したことは，自律的な行動であったと思います。

　本事例は，事業所内の専門職同士が連携することで，本質的な課題を明確にすることができたものです。実際に表出している課題にその人の人生を重ね合わせた時，さらに重要な要因があることが理解できます。

### 2）ナラティブ情報を正確に捉えた「ケア」

#### ①　趣味のダンスを再開できた──事例3

　Ｂさん（70代女性）は夫と息子と３人暮らしで，専業主婦として家族を支えながらもカルチャースクールに通う等，社交的な生活を過ごしていました。しかし，居間の電球を取り替えようとした際に転落し，脊柱管狭窄症となりました。急性期病院で手術を行い，その後，回復期病院でリハビリを行った後，筆者が勤めるデイサービスを利用することとなりました。

　利用当初，Ｂさんは「家事ができる家族が私しかおらず，家族が困るので，家事を継続できるようになりたい」という希望を持っていました。怪我の後遺症のため長い時間立つことができず，特に台所での立ち仕事はほとんどできない状態でした。ケアマネジャーの提案で，ホームヘルパーによる食事作りの支援の導入を提案したところ，「人が家に来るのは遠慮があるので，できるだけ自分で行いたいです」という主旨の回答でした。

　デイサービスの利用が始まり，改めて話を伺うと「実は，食事が作れなくても，家族は自分で買物に行けるので，あまり困らないのです。しかし，これまで家族のために専業主婦として尽くしてきた自分が否定されるようで悲しいのです」とのことでした。

　まずは，作業療法士により立位保持が強化できるリハビリメニューを考案

し，利用時には必ず実施してもらいました。また，利用しない日に家で簡単にできるホームワークも提案し，できるだけ運動機会を持つことをBさんに丁寧に説明しました。

　看護師は，痛みが出にくいBさんに合ったコルセットを，いくつかの福祉用具の担当者に相談しながら探したり，運動不足による生活習慣病のリスクについて，資料を作成したりして説明しました。

　介護スタッフは，Bさんが毎回持ってくるホームワークの実施表を確認したり，時には励ましたりとモチベーションが低下しないよう，しっかりと配慮しながらケアしていきました。

　また，Bさんも「こんなに皆が心配してくれているのに，サボるわけにはいかないわね」と，デイサービスでのメニューとホームワークに懸命に取り組まれました。

　半年ほどして，再度，家庭での様子を筆者が聞いた時，Bさんから「以前のようにとは言わないけど，休みながらでも食事が作れるようになりました」との報告がありました。次の目標を設定する際，以前カルチャースクールに通っていたという情報があったため，筆者から「何の講座に行かれていたのですか」と尋ねると，Bさんは「ダンススクール。今はこんなだけど，きれいな衣装を着て楽しかったのよ」と，本当に目を輝かせながら，その当時の話をしました。

　そこで，筆者から「Bさん，では，次の目標はダンススクールに行くことにしませんか」と提案したところ，Bさんから「そんなの無理に決まっているじゃないの。でも，また行けたら最高ね。当時の友達も，まだ多く通っているみたいだし」と，何とか納得してもらいました。また，当時の写真があれば見せてほしいとお願いしたところ「恥ずかしい」と言いながらも見せてくれました。さらに，他の利用者やスタッフから称賛されて，一気にモチベーションが高まりました。

　その半年後，Bさんは十数年ぶりに，「当時の友達から，ぜひにと誘われ

たので，ダンススクールに行ってみることにしました」と嬉しい報告を受けました。

これは，デイサービスの各専門スタッフが連携しながらケアを実践した事例です。「家事を継続したい」という困りごとに対してのみ取り組んだ場合，おそらくダンススクールを再開するには至らなかったと思います。

ではなぜ，今回，Bさんの意欲を引き出すことができ，共に価値を創造することができたのでしょうか。

②　ナラティブ情報を大切にした

ナラティブ情報（いわゆる人生の物語）を，しっかりとスタッフで共有できたことがポイントでした。ともすれば，困りごとが「家族の食事の問題」としてのみ捉えられた可能性もありましたが，「家事」そのものに対する価値観は個別性が高く，Bさんにとって食事を作ることは，自分の存在価値と同じくらい大切なものであったのです。

それらの情報を的確に捉え，また各専門職が共有できたことで，支援そのものの幅を広げることができました。

③　Bさんと目標が共有できた

Bさんにとっては，思いもよらない筆者からの「ダンススクールに通う」という提案が，Bさんが楽しかった頃の思い出とともに意欲を掻き立ててくれました。またスタッフだけでなく，他の利用者とも目標を共有できたことで，デイサービスでの話題が「ダンススクール」になり，目標達成のために，Bさんもモチベーションを保てたのだと考えています。

ここでも，Bさんは支援を受けるだけでなく，主婦やダンススクールの生徒という役割を取り戻すことができました。つまり，支援の中心にあったのは，Bさん自身ではなく「目標」であったことが，より幅の広い支援につながったのです（図3-2参照）。

# 4　ホスピタリティ・ケアの実際

## （1）ホスピタリティ・ケア

　ホスピタリティ・ケアとは，ホスピタリティマネジメント理論に基づいて行うケアのことです。適切なマネジメントを行うためには，3つのホスピタリティ・プロセスと10のステップへの理解が必要です（吉原 2005：41-61）（図4-2）。なお，ホスピタリティについては，「主体が自律的にアイデンティティの獲得を目指して自己を鍛え自己発信しながら，他者を受け容れ交流して，信頼関係づくりを行い互いに補充し合って社会の進展に貢献する価値を共創する活動である」と定義されています（吉原編著 2014：29）。

## （2）ホスピタリティ・ケアの実際
### 1）「自己発揮のプロセス」自発・応答・関係
①　専門職としての想いや願いの重要性

　まずは，自己発揮のプロセスです。この自己発揮のプロセスは，ホスピタリティの定義である「主体が自律的にアイデンティティの獲得を目指して自己を鍛え自己を発信しながら」（吉原編著 2014：29）の部分にあたります。筆者達は，支援者として，利用者の「困りごと」に対して，介護を提供するだけの存在ではなく，最終的には，お互いに補完し合いながら，共に価値を創造していく存在です。

　そのためには，まず「自己尊重」「他者尊重」の基本姿勢が求められるとともに，礼儀・節度・態度・物腰などに至るまで高い水準が要求されます（吉原 2005：14）。加えて，介護に携わる者として，それに関連する資格（介護福祉士や社会福祉士等）も要求されます（第6章1参照）。

　以前，介護が相互扶助による家事の延長線上にあると捉えられていた頃，介護する側と受ける側は一方向的で主従的でありましたが，今日のように，

図4-2　適切なマネジメントのための3つのホス
ピタリティ・プロセスと10のステップ

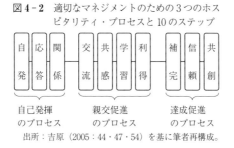

出所：吉原（2005：44・47・54）を基に筆者再構成。

専門職としての介護には，あくまで利用者の人生観に沿って支援していく姿勢が求められています。特に，支援者として，利用者に「どうあってほしいのか？」という思いについては，明確にしておくことが必要であるとともに，それらを他の専門職と共有しておくことは，その専門性の発揮については非常に重要です。

　また自らの施設の機能を熟知しておくことも，今後の支援に大きな影響を与えます。それはリハビリマシーンや浴室等のハードだけでなく，どのようなスタッフがいるのか，その専門性は何であるかを知っておくことが大切であるということです。それらを踏まえ，利用者の人生観や，生活感あるいは不便さを聞き取ることを「アセスメント」といいます。そこで得られた情報を基に「このようになってほしい」と，支援者同士と利用者との間で共有されるのが「目標」ということになります。

　利用者から話を伺っていると，利用者自身が様々な気づきを得ることがあります。「そういえば，若い頃はジャズバンドをやっていたなあ」「以前，主人は仕事人間でしたが，定年退職後は，よく旅行に連れて行ってくれました」等，自分の人生で一番輝いていた頃の話は，それを聞いている支援者側も，様々な学びや驚きを得ることがあります。病気や怪我により，要介護状態になってしまったという悲観とそれにともなう様々な喪失体験により，生きる力そのものを失っている方にとって，楽しかった頃の思い出は，唯一無二の存在です。

しかし，これらの話は，利用者側から唐突に話してくれるわけではなく，支援者側の「あなたに，こうあってほしい」という自発的な働きかけに基づき，「応答」という形で発現するのです（図3-2参照）。

②　長年地域の世話役だった男性が，再度「自分」を取り戻し，社会に戻ることができた──事例4

本事例は，地元の世話役をしていた男性（Cさん）が，怪我がもとでひきこもりがちになってしまいましたが，事業所の見学を通じて，また新たな居場所を見つけることができたというものです。現状に対して共感するだけでなく，「あなたにはこうあってほしい」という支援者側の「自発」が，大きく影響していきます。

Cさん（80代男性）には脳梗塞により，軽度の半身麻痺があります。発症後，急性期病院を経て在宅復帰しました。元々，地元でガス屋を経営しており，近隣住民からの信頼も厚く，様々な世話役を引き受けていましたが，在宅復帰後は1日中テレビの前に座っており，軽度の認知症と廃用症候群を併発しています。心配になった妻が，地域のケアマネジャーに相談し，筆者が経営するデイサービスに見学に来られました。見学日に着席するなりCさんは「いよいよ，ワシも，こんな年寄りが来る所に行かなくてはいけなくなった。別に悪い所もないし，今日は見学だけということで」と，利用については拒否的でした。

身体の状態や，生活状況も，妻が「時々，トイレの失敗もあって」と代弁するのみで，Cさんからは一言も話すことはありませんでした。そこで，筆者が「以前はガス屋さんをされていたとお聞きしましたが，大変な仕事だったのではありませんか？」と質問したところ，それまで寡黙だったCさんは「重いボンベを運んだり料金を回収したりと，それは大変だったけど，そのおかげで，地元の人達から色々とお願いされることが増えた。そりゃ，忙しくて休む暇もないくらいだった」と軽快に話しました。

その後，しばらく間を置き「今じゃ，こんな体になってしまって，もうど

うして良いのかわからない。妻にも迷惑かけてしまって」と突然号泣されました。それを見た妻も「夫が，そんなに思い悩んでいるとは知りませんでした。夫に冷たくあたってしまった時もあり，申し訳ないと思います」と，そこで初めて，妻が本音で今の状況に寄り添い，Cさんとこれからのことについて話し合うことができました。

　結局，Cさんは近所のデイサービスでリハビリを行うこととなり，筆者が経営するデイサービスを利用することにはなりませんでしたが，ケアマネジャーから「Cさんから，くれぐれもお礼を伝えてほしいと依頼されました。本当にありがとうございました」とお礼の連絡がありました。

　③　主体者としての自発を引き出すケア

　本事例は，筆者とCさんとのやり取りの中で，Cさん自身が現状を理解し，それに対して筆者から提案できたこと，また人生で一番輝いていた頃の話の中で，新しい一歩をCさんがイメージできたことが，デイサービスの利用，つまり再び社会へつながったのだと思います。

　たとえば，これが現在の状況だけに注目し「このままでは動けなくなりますよ」という正論を伝えるだけでは，かえってCさんは家から出られなくなっていたかもしれません。

　加えて本事例では，筆者から改めて自発的に働きかけるとともに，デイサービスでできることについて丁寧に説明しました。この働きかけによって，Cさんのデイサービスに対するイメージが明確になり，Cさんの生活の幅を広げるきっかけになったのだと考えています。それは，医療におけるインフォームド・コンセントと同様の考え方です。

　2）インフォームド・コンセント

　昨今，医療の現場では，「インフォームド・コンセント」の重要性が謳われています。インフォームド・コンセントの基本理念とは，「患者自らの心身についての自己決定と自律性の尊重」（吉原 2016：19）です。これは，介護の現場でも同様であり，法令に基づいて専門職として提供される介護は，

あくまで利用者の自己決定と自律性の尊重の上に提供されなければなりません。

特に，インターネット等での情報収集が困難な高齢者にとって，事業所情報や，そこで行われている介護の実際は，丁寧かつわかりやすく伝える必要があります。

サービス提供時間やスタッフ構成等の基本情報から，利用者のニーズや，それに対する介護方法を含めて伝えておき，理解していただくことで，その後の利用のモチベーションに大きな影響を与えます。

高齢者にとって「初めての場所に通う」ということは，日々の生活の幅が広がる期待がある一方で，それらを大きく上回る不安を抱えることとなります。それらの不安をしっかりと受けとめ，応答できる関係性をつくるためには，まずこのインフォームド・コンセントを十分に行うことが重要です。

### 3）親交促進のプロセス──交流・共感・学習・利得

これは，「他者を受け容れ交流して」というホスピタリティの定義（吉原編著 2014：29）の部分に該当します。そのプロセスは，「第一のプロセスである自己発揮のプロセスを実践しながら，組織関係者が親しく相互交流して共感性を高め，お互いに学び合い，お互いに有形もしくは無形の利得を提供し合う場づくりのプロセス」（吉原 2005：46）です。介護施設での仕事は，他者との交流が大きく占めています。他のスタッフ等の関係者やケアマネジャー等の関係者，あるいは利用者の家族といった自分以外の人とのつながりや連携によって，仕事を進めていくことがほとんどです。

つまり，介護の仕事は他者との交流そのものであると言っても過言ではありません。まず，「交流」のステップでは「データ・情報・知識・知恵などを繰り返し交換し合い，相互理解を促進する」（吉原 2005：46）ことです。日々のカンファレンスや担当者会議，あるいは組織関係者で行われる報告・連絡・相談も，このステップに含まれます。たとえば，カンファレンス中に「利用者Ｄさんが，腰が痛いと言っていた」という情報が報告された場合，

「持病が悪化したのか」「お風呂はどうしているのか」「病院に行ったのか」等，それぞれの専門職の専門性に応じた疑問と応答を繰り返します。それらについて，「1カ月前くらいから痛みが出ていた」「お風呂はシャワーだけにしている」「いつものことなので病院には行っていない」という，さらに深まった情報がやり取りされます。

　次に「共感」のステップでは，それらのデータや情報のやりとりの中で，お互いにそれについてどう思っているのかという感情や気持ちの領域も含まれてきます。「この寒い時期にシャワーだけだと辛いだろうな」「あまり痛みが続くようなら病院に行ってもらうように勧めてみよう」など，「こうあってほしい」という部分に焦点化し受容して理解するとともに，その気持ちをこちら側がわかっているということを表現するステップです。

　正確なデータや情報と，それに対しての気持ちのやり取りを行う中で，生まれてくるのが「学習」のステップです。介護は介護の専門職だけでなく，看護師等の医療職，社会福祉士等のソーシャルワーカー，理学療法士等のリハビリ職等の，多種多様な専門職が連携して利用者の介護を実践しています。それらの専門性を持って的確に情報にアクセスし，気持を含めお互いの意見を理解し合うことで，多くの学びを得ることができます。たとえば移乗の介護方法では，セラピストは安全で介護側も楽にできる方法を知っているという専門性があります。一方で介護職は，その日の状態に合わせた細かな視点や声かけの方法や内容によって，同様に安全で楽な方法を知っています。それは，どちらの方法を選択するということではなく，双方の専門性を掛け合わせることで，さらに利用者の疾患だけでなく，情緒や感情等も含めた非常にきめ細かいケアが提供できることにつながります。

　このように親交が促進されてくるほどに，スタッフ全体の知識や技術が向上し，結果的にきめ細やかなケアが安定的に提供されるという「利得」が生まれてきます。

### 4）信頼・補完・共創——達成推進のプロセス

### ①　信頼関係を育むケア

第1のプロセスである自己発揮を行いながら，第2のプロセスである親交促進が充実してくると，いよいよホスピタリティ・ケアの目指すところである達成推進のプロセスとなります。このプロセスは，ホスピタリティの定義による「信頼関係づくりを行い互いに補完しあって社会の発展に貢献する価値を共創する活動」（吉原編著 2014：29）の部分であり，信頼・補完・共創の3つのステップから成り立っています。

「信頼」のステップは，「これまでのプロセスを関係者が共に育てていく過程において，実質的には信頼関係を育てていると表現した方がより現実的である」（吉原 2005：53）ので，心と頭脳を活用したお互いの親交は，結果として信頼関係の醸成に結びついているということです。

親交促進のプロセスでは，スタッフ同士の親交について例示しましたが，これらは，利用者とも同様に行われることです。

### ②　改善しなくともそのプロセスが人を変える——事例5

Dさん（60代男性）は母，妻，息子2人の5人暮らしで，仕事中に脳梗塞を発症し，右半身麻痺と構音障害の後遺症が残っています。急性期から回復期病棟でのリハビリを経て在宅復帰し，ケアマネジャーの勧めで筆者が経営するデイサービスの利用を開始しています。

Dさんは，もともと機械設計のエンジニアであり，仕事への復帰を非常に強く望んでいました。しかし脳梗塞の後遺症が強く，また高次脳機能障害により短期記憶が欠損しており，同じ仕事への復帰は非常に困難な状況でした。

妻もそれは認識しており，「突然に家族の環境が変わってしまって，どうして良いのかわかりません」と前途を憂うことも少なくありませんでした。そのような中，筆者がDさんと話を進めていくうちに，Dさんは「本当は，僕も仕事には戻れないと思っている。でも，その目標を失ったら，何のためにリハビリを頑張ればよいかわからなくなるのが怖いのです」と，本音を

語ってくれました。

　そして筆者達スタッフはケアの方向性を話し合い，仕事復帰という限定的なものではなく，Ｄさんのこれからの人生に必要な視点は何かを話し合いました。

　そこで出てきた目標が「家族」です。もともと仕事人間だったＤさんが最も心を痛めていたことは，「元気な時は仕事ばかりで，家族のことは，すべて妻に任せていた。今，こんな病気になってしまって，今さら家族に助けてほしいなんて言えない」ということでした。それから筆者達スタッフとＤさんとで何度か話し合いを重ねていくうちに，「家でも少しリハビリをしていきたい」との要望があり，そこであえて見守りや一部介助が必要なリハビリを提案してみました。

　数週間してＤさんに状況を伺うと，「妻や息子が手伝ってくれるので，何とかがんばっている」ということでした。1カ月ほど経過した後，妻から直接，筆者に「家でできるリハビリを教えていただき，ありがとうございました。あれを始める前までは，1日中居間で横になっているだけで，本当にこのまま寝たきりになったらどうしようかと思っていました。しかし，実際にリハビリをがんばっている姿を見ることができて，私も息子達もやっぱりお父さんはすごいねと改めて見直しているところです。これからも，しっかりと続けていきますので，よろしくお願いいたします」との話を電話で伺いました。突然の病気により大きく環境が変わり，家族もどう接してよいかわからない不安の中にいましたが，それを払拭したのは，Ｄさんが懸命にリハビリをしている「姿」でした。

　おそらく今後リハビリを続けたからとはいえ，元の仕事に復帰することは困難であると思います。しかし，会社員としての役割を終えなければならなかったとしても，夫や父親の役割を新たに獲得できたのです。これらを可能にしたのはＤさんの努力もありますが，スタッフとＤさんの信頼関係によってなし得たものではないかと思います。

　事例1は，「ここに通っても仕事復帰できない」という感情を抱かせてしまった失敗例でしたが，この事例⑤では，仕事復帰はできなかったけれども，そのプロセスの中で新たな目標が生まれた事例となりました。

　同じ「仕事復帰」というニーズ一つとっても，その人の人生観や価値観や置かれている環境等によって，ケアの方針は大きく変わります。逆にいうと，人が違えば例え目標が同じであったとしても，ケアの方針はまったく違って当たり前であるということです（図3-2参照）。

　③　「利用者を主体者とした」ケア

　次の「補完」のステップは，「信頼を前提にしてお互いがより高次の課題・目標を共有化し，その達成へ向けてお互いに力を出し合い補い合って推進する」（吉原 2005：54）ステップです。

　介護の現場には，スタッフだけでも多種多様な人材がおり，また利用者の生活を支えるためには，ケアマネジャー，ホームヘルパー，医療関係者といったフォーマルな社会資源との連携のみならず，家族，知り合い，近所の知人といったインフォーマルな社会資源とのつながりも重要です。

　従前のケアマネジメントでは，利用者を中心に，前述した支援者が支えていくマネジメントが中心でした。もちろん，利用者自身の「主訴」と言われる「自分はこうありたい」という気持ちを汲んだ形での支援体制が整えられるのですが，怪我や病気が原因で様々な喪失体験を経て，ケアマネジメントにつながった人にとって，今後の生活を本当の意味でポジティブに捉えていくことは非常に困難です。

　そうなると，主訴を正しくケアに反映することが困難となり，その結果，「この疾患の方には，このようなサービスが良いだろう」という階層的で一方向的な関わりが多くなってしまいます。それでは，ケアを受ける側と提供する側という固定化された関係性が発生してしまい，本来の主体者が，客体としてのみ扱われることにつながります。

　そこでホスピタリティ・ケアにおいては，ケアを受ける側もケアを行うメ

130

ンバーの一人として捉えます。筆者は常に利用者に対して、「筆者達スタッフは、一生懸命がんばります。でも、○○さんも一緒にがんばって下さいね」と声をかけるようにしています。

　利用者自身が、これからの人生について主体的に考え、メンバーの一人として役割を担っていくことは、ただケアを受ける側という固定化されたものから、ケアに対して自分の意思を反映していくという双方向的な関わり合いが必要になります。

　またそれは、ケアを提供する側にとっても、本来の主訴をしっかりと受けとめながら、人生観に寄り添った目標設定を行うことができるというケアマネジメントの本髄を可能にしてくれるものとなります。つまり1人の利用者を通じて、組織関係者、組織外関係者、利用者自身が、互いの持ち味を活かしケアを実践していく中心にあるものは、利用者ではなく「目的」であるということです。

　目的が共有化され、それに向けての実践的な体制が整えば、最後のステップである「共創」のステップになります。共創とは「気心の知れた、自立した者同士が連携してオンリーワン（Only one）を自律的に創造し、ホスピタリティの目的に近づこうとする」（吉原 2005：56）ステップです。「補完」のステップで整った関係性において、そこに参画するすべてのメンバーが目的に対して自律的に能力を発揮していくことで、ホスピタリティが目指す共に高次な目的へ向かい推進していくことになります。

　この点について、吉原は「働く人にとっては常に新しい企画が期待され、『心を働かせる頭脳労働』へ重点シフトしなければならないことを意味するものである」と述べています（吉原 2005：97）。このプロセスにおいては、価値そのものを創造しながら、スタッフも利用者も共に主体者としてケアを推進します。もちろん、その過程においては、多くの困難や突発的な出来事により、本来の目的が達成できないことも少なくありません。

④　最後に社会とのつながりをもつことができた──事例6

Eさん（80代，男性）は妻と二人暮らしで，バスの運転手を定年退職後，自宅で過ごすのみで他との交流はありませんでした。そのため廃用症候群となり，医師の勧めもあり筆者が経営するデイサービスを利用することになりました。

初回利用時は少し緊張した面持ちでしたが，スタッフや他の利用者と談笑するなど，比較的に楽しく過ごせている印象でした。次の日，妻から筆者に電話がかかってきました。「夫は，そちらを利用させてもらった次の日，急逝しました。たった1回しか利用しませんでしたが，頑としてどこにも行かないと言っていた夫に居場所を作っていただいたこと，また最後に社会とつながって亡くなったことは，私にとって本当に救いです。本当にありがとうございました」と感謝されていました。

本事例では，Eさんの自立のために，様々な目標や活動を設定していましたが，どれも叶うことはありませんでした。しかし，亡くなる前日に，たった1回でも社会とつながったことは，それ以上の価値があったのかもしれません。

## 5　現在の日本は新しい価値としての介護が生まれる好機

一般的にホスピタリティマネジメントは，介護との親和性が高いと感じられています。実際，施設のパンフレットやホームページ等を見ても，「ホスピタリティあふれるケア」等の文字があふれ，宣伝文句として使われている今日，改めて本来の意義を考察し，それを実践していくことは，これからの介護に必要ではないかと考えます。

実際，介護の仕事は，怪我や病気が原因で生活していくことに様々な制約がある人に対し，形のないもの，残ってはいかないものを提供していくとい

う閉塞感の強い仕事であることは事実であると思います。

　また日本の社会全体が未曾有の高齢社会に突入し，制度をはじめとする様々な環境が，これまでの介護観から新しく生まれ変わる時期に来ており，それは，介護を提供する側・される側の双方が前を向いて価値を共創していくための好機でもあると思います。

　そこで，本章のようにホスピタリティマネジメントを介護経営や現場の業務に適用することで，筆者達の仕事は，利用者を介護の対象者としてではなく人生の主体者として捉え，残りの人生を真に自分らしく生きていけるための良き伴走者として存在できれば，その閉塞感も払拭され，感激と感動の素晴らしい仕事になるのではないでしょうか。

### 注

(1)　株式会社メディックプランニングが岡山県倉敷市の指定を受けて，2014年に開設した「リハビリテーション颯倉敷」。利用定員15名（現在は18名）。株式会社楓の風（代表：小室貴之）が本部のフランチャイズ加盟店として開設。専門的なリハビリテーションを提供し，高齢者の自立を支援することを目的としています。筆者は，2014〜2016年に管理者及び生活相談員として配属され，その後，2017〜2019年7月まで，同社の代表取締役。

(2)　筆者が創業した株式会社ウェルクリエイターズでは「誰もが役割と出番のあるホスピタリティ社会を創ります」を経営理念としています。

(3)　地域包括ケアシステムは，重度な要介護状態となっても住み慣れた地域で自分らしい暮らしを人生の最後まで続けることができるよう，住まい・医療・介護・予防・生活支援が一体的に提供される地域包括ケアシステムの構築を実現していくことを目的とした取り組みです。

(4)　産経 WEST「パチンコ・マージャン…介護利用「NO」神戸市議会で条例案可決」（https://www. sankei. com/west/news/150924/wst1509240045-n1. html, 2019年11月9日アクセス）。

### 参考文献

介護労働安定センター（2019）「平成30年度 介護労働実態調査結果について」

（http://www.kaigo-center.or.jp/report/2019_chousa_01.html, 2019年11月23日アクセス）。

厚生労働省社会・援護局（2014）「第1回 人材確保対策検討会」（http://www.mhlw.go.jp/stf/shingi/0000047527.html, 2019年11月23日アクセス）。

吉原敬典（2005）『ホスピタリティ・リーダーシップ』白桃書房。

吉原敬典編著（2014）『ホスピタリティマネジメント——活私利他の理論と事例研究』白桃書房。

吉原敬典（2016）『医療経営におけるホスピタリティ価値——経営学の視点で医師と患者の関係を問い直す』白桃書房。

（三好博之）

## コラム4　AIはホスピタリティを変えるのか

　大学教育に10年近く携わって感じるのは，「就職人気企業ランキング」の浮き沈みの激しさです。数年前まで上位にいた企業が，今年は20位にも入っていない。長く安定企業として君臨していた企業が突然，急降下したりします。

　特にここ3年の入れ替わりが激しく，昨年までの人気企業が「多分3年後にはランキングの50位にはいないかもしれません」と学生に言われて，私の方が驚いています。「なぜ，そう思うのか」と質問すると，「間違いなくAIに乗っ取られます。大半が人間でなくてもできる仕事だから」と答えます。2014年にオックスフォード大学のマイケル. A. オズボーンらが「10年後に仕事の47％がAIにとって代わられる」と語ったことが着々と現実味を帯びてきて，若い人々の仕事選びや働き方に深い影を投げかけているのです。

　さて，AIは「ホスピタリティマネジメント」の世界にどのような影響を及ぼすのでしょうか。吉原敬典教授（目白大学）は「業務機能を標準化，AI化，IT化，機械化，システム化，マニュアル化，ロボット化による自動化と無人化を目指し，…（中略）…安全に，より早く（速く），より安く，より正確に，より多くのもの・機能を安定的に継続的に具現化し提供するものである。そうすることで，人間は適性の問題はあるものの，本来の創造的な活動に軸足を移すことができる」と語っています。

　どうやらAIにとって代わられるよりも，人手不足に悩む介護や医療など「ホスピタリティマネジメント」を必要とする場では，むしろAIを導入するメリットがかなり期待できそうです。そこで「ホスピタリティ」という一面から，現状のAI化について考えてみましょう。

　観光庁が2019年に発表した「多言語コミュニケーションの課題に対する全国的な効果検証」によれば，観光関連施設の約8割が，多言語音声翻訳システムの導入によって，訪日外国人旅行者の対応がしやすくなったと答えています。実際に観光地を訪れてみると，音声翻訳機を使っている外国人の多さに驚かされます。「東京オリンピック・パラリンピックでは大量の通訳者が必要となる」と言われていた一部を音声翻訳機が補完しそうです。

　しかし，医療や介護の現場では，より高度な翻訳技術が求められます。わかりやすい例を示せば，「おい，メシ作ってくれ」と言っただけでは，「メシ＝Rice」と判断して，白いご飯だけを作る可能性があります。翻訳の精度をより高めていけば，AIテクノロジーは，確実にホスピタリティの一助になるでしょう。

　しかし，AIが中々とって代われない分野がホスピタリティマネジメントにはあります。例えば「話し合う」こと。精神医療で行われている「オープンダイアローグ」

をAIで行うのは難しいのではないでしょうか。

「オープンダイアローグ」は，患者と家族，親戚，医師，看護師の他に本人に関わる人々がチームを組んで語り合う手法です。この時は，医師や患者という立場はありません。ファシリテーターや司会者もなく，患者も一人の参加者として加わります。精神科医の齋藤環氏によれば，「自分の目の前で自分の噂話をされる」（齋藤環著・訳〔2015〕『オープンダイアローグとは何か』医学書院）という状況で話を進めていきます。直接自分について語られる対話よりも，自分についての間接的な会話を聞かされる方が，患者も心を開きやすくなります。

「そういえば昔，おばあちゃん，こんなことがあったよね」という昔話をするうちに，その人の人生の断片がリアルに浮かび上がってくる。そのナラティブな情報を関係者が共有することで，医者，患者，家族，看護関係者などがそれぞれ必要とされるホスピタリティを発見していく。そんな試みです。

立場も役割もない中で，脈絡のない無駄話と思えるような会話を続ける。そこに癒しや刺激があり，生きる勇気が生まれる。こうした人間にしか今のところできない行為が多いのも「ホスピタリティマネジメント」の特長です。

この先，「AIで解析すれば難問解決」といったパラダイムが訪れる日は意外に遠いのではないか。それが証拠に世界では，「経済」に代わって人間の究極の知恵「哲学」が急速に立場を大きくしてきています。どんなにテクノロジーが進化しても，高齢化社会が進むほど，「生きるとは何か」「死とは何か」「神はいるのか」「人間とはどういう存在なのか」といった根本的な課題に行きつく人が増えてきます。哲学の歴史は決して象牙の塔のものではなく，人類が危機に見舞われた時に生んだ人類の英知なのです。

AIの進化によって「ホスピタリティマネジメント」の現場では，確実に効率的で安全対策の整ったシステムが可能になってくるでしょう。そしてその分，人間は，吉原教授の言う「人本来の創造的な活動」に軸足を移すことを求められていきます。人間の問題に一番の解決策を編み出し，最高の処方箋をつくるのは人間。世の中の仕事の半数がAIに奪われても，これだけは，人が怠ることなく携わることが必要でしょう。

（ひきたよしあき）

## 第 5 章　利用者との共働による介護職員評価
### ——主体性を引き出す面談と評価者研修

　介護の仕事にやりがいを感じて働いている人たちに対し，事業運営者側は的確にその仕事ぶりを評価し，その実績に見合った処遇を提供しているでしょうか。多くの事業所・施設では，介護業務の評価において個人の属性や資質を優先し，客観的な介護技術の習得や習熟度などを的確に見るのは稀です。そのため，同一事業所歴つまり年功的な業務評価に頼らざるを得ません。

　しかし，多くの人材を中途採用やパートタイマーなどに頼らざるを得ない介護現場では，職歴や事業所歴に依らない客観的で納得的な評価尺度を持たなければ“人財”を採用し定着させることは困難です。そこで本章では，古い歴史を持つ社会福祉法人で実施された介護業務評価の改革プロセスを取り上げます。キーワードは，「第三者にもわかる尺度」「評価者研修の重要性」「面談を核とする評価育成」です。

## 1　ホスピタリティマネジメントの全体構造

　2021年に開催される予定の東京オリンピック・パラリンピック競技大会。多くのアスリートが全力を尽くし，私たちの目の前でスポーツの素晴らしさを披露してくれることでしょう。五輪だけでなく，スポーツが多くの人の心をとらえるのは，競技の素晴らしさや勝敗・順位の結果が明らかで，老若男女，誰にでもわかり納得できるからかもしれません。過去の実績や経験から競技前の優位さを予想することはあっても，その時，その場での試合や演技の結果は，原則，年齢・経験・教育歴・民族・言語などの要素に左右されることはありません。ですから，時に無名の選手が一夜にしてスーパーヒー

ロー・ヒロインになる面白さがあります。

　さて，仕事をしている私たちの評価も，これほど明らかに誰もが納得するような結果がもたらされるものなら，多くの人が悩むことはありません。もちろん業務評価というものに，誰もが100％納得し認めるやり方があるとは思えません。人事評価・業務評価の難しさは，神がすることを人間が代行しているようなものだからです。特に日本の伝統的な組織・企業でみられるような，職務と職責あるいは職務明細が明確に示されにくい環境においては，なおさら難しいかもしれません。

　それでも多くの組織・企業がここ10〜20年くらいの間に，より納得性の高い評価システムや制度を取り入れてきました。ただ，筆者が今いる「介護の世界」は，他のビジネス・事業での業務評価に比べ，評価される側が期待する納得性や公正さ，明示性などの点で，かなり遅れをとっているものと思われます。

## 2　硬直的な評価と処遇

　筆者たちの介護現場，つまり社会福祉法人・信愛報恩会でもつい数年前まで，介護職員の業務評価は守旧的・伝統的なものでした。信愛報恩会は，1909年，1人の牧師により当時，社会の底辺にあった結核患者にケアの手を差し伸べたことを起源としています。病院での高齢者中心の医療，さらには1970年に介護施設も開設し，東京都清瀬市を本拠に病院・特養・デイサービス・在宅事業所など全19事業所，約630名の職員（パート含む）を抱える法人です。

　職員の評価は，何より法人内での職歴の長さ，つまり「ここでの経験」が圧倒的に物を言っていた時代が長く続きました。介護職についての業務評価は年功要素がほとんどを占めており，給与など処遇もそれに準じていました。すなわち，他の組織から転入してきた比較的若い職員は，たとえ「介護技術

力」「人間対応力」に優れていてもあまり評価されず，処遇も期待水準とかけ離れているため，結局，他に移っていくケースが稀ではありませんでした。

　往々にしてこのような組織では，第三者が見て納得できるような「サービス標準・基準」が設定されておらず，ベテラン職員の個別のやり方が幅を利かすことになりがちです。

## 3　「サービス価値」構築のために

　序章で前述しているように，「ホスピタリティ」と親和性の高い「介護の仕事」ですが，基本としての安定的なサービス価値（ホスピタリティ概念の中に含まれる価値の一つで，「効率性の追求」や「顧客満足・充足」を表す）の提供なしに，ホスピタリティ価値の実現はありえないと考えられます（第2章参照）。図5-1中の「②　サービス価値」の提供すら，私たちの組織では行えていなかったといわざるを得ません。ホスピタリティを実践している介護職員が皆無ではありませんが，ほとんど当該職員個人の資質に依存する状況でした。また，本章は図5-1中の⑤人的資源管理の内容にも踏み込むものです。

　そこで5年前から検討を重ね，2012年度にスタートした内閣府補助事業の「実践キャリア・アップ戦略キャリア段位制度」（以下，キャリア段位制度）を活用した新たな介護職員向け業務評価システムの開発に着手しました。以下は，その概要です（シルバーサービス振興会ホームページ，2019年12月3日アクセス）。

①　2012年度から国により推進され，2015年度からは厚生労働省の介護職員資質向上促進事業として「介護プロフェッショナルキャリア段位制度」に名称が変更された。

②　介護サービス従事者に対して「介護プロフェッショナル」のレベル認定を行い，事務所や施設ごとにバラバラでない共通のモノサシをつくり，人材育成を目指す。

図5-1　ホスピタリティマネジメントの全体構造

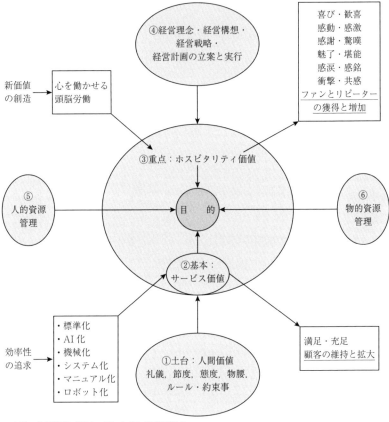

出所：吉原編著（2014：43）を基に筆者再構成。

③　今までの資格制度で不足していた「実際にその現場で何ができるのか」の実践的スキルをきちんと評価する。

④　一定の要件を満たした「アセッサー（評価者）」が，介護職員の日頃の仕事の様子や業務の記録等を実際に見て評価する。

⑤　認定されるレベルは，エントリーからプロまで7段階だが介護プロフェッショナルではまずレベル1から4について基準をつくり認定を

行う。

⑥　アセッサー数は，2019年 2 月 1 日時点で 2 万2,758名。

レベル認定者数は，2019年10月16日時点で5,744名。

レベル認定見込み者数は，2019年11月 1 日時点で4,521名。


　キャリア段位制度に注目したのは，何よりも介護業務プロセスを誰にもわかる形で分解し，職員の「できる・できない」を評価するツールとして現場で使える唯一のものと確信したからです。もし，この制度の公表がなければ，改革は相当遅れることになったと思われます。

　キャリア段位を基に，人事評価制度を改変する実施プログラムがスタートしました。まず，職員に対してなぜ改変しなければならないかを意識づけする必要がありました。それには，改めて私たちが行う介護業務とは何か，という本質について考えてもらうため，「介護とホスピタリティマネジメント」について職員向けの研修会を初めに実施しました。私たちの目的は，経営の基本ともいえる「サービス価値」の確立，つまり介護技術を評価する "共通のものさし" をキャリア段位を参考にして創り上げること。さらに，図 5 - 1 の下部に示されたホスピタリティマネジメントの「人間価値」（図 5 - 1 の①）ともいえる，礼儀・節度・態度・物腰・ルールなどを加味した総合評価を行うこと。また，この評価結果を処遇（給与・キャリアアップなど）に結びつけるシステムを組み立てることでした。この評価プロセスで重視し，実施することを必須としたのが年 3 回の「評価面談」です。これにより，リーダーがメンバーにホスピタリティを実践できるような，個別指導・育成の機会を組み入れることにしたのです。


## 4　介護従事者をめぐる問題点

　私たちが目指す介護従事者に対する評価システム改革の解説に入る前に，

現状・将来において向き合わざるを得ない「介護および介護従事者をめぐる問題点」のポイントを３つ取り上げます。第１に「介護職への世間の評価と需給のアンバランス」，第２には「伝統的介護運営者の保守的な観念」，そして第３は「介護現場で働く人々の評価のあり方」です。

## （1）介護職への世間の評価と需給のアンバランス

### 1）介護ニーズの量的・質的変化

　まず，介護職ニーズの量的質的拡大と世間の評価について触れます。人は，長い人生の終盤，最後まで信頼できる家族と一緒に暮らすことができれば言うことはありません。ところが，見ず知らずの人たちと一緒に施設で，あるいは在宅で，他人からの介護を受けざるを得ない高齢者がますます増えていくのがこれからの日本です。核家族化，少子化が進み，介護する側・される側が共に65歳以上という「老老介護」といった言葉さえ当たり前になってきた今日，「家族介護力の弱体化」は明白な事実です。

　さらに近年，介護の現場対応においてより一層困難さが増しています。既に本書で述べてきた，認知症患者の急増とその表出症状への対応は，かつての介護のあり方と様相を異にしています。「食事・排せつ・入浴」の三大介護に注力していた介護現場に，認知症の影響からさらに個別的できめ細かな対応が求められるようになってきているのです。

　近時記憶や場所・時間などの見当識に障害が出る認知症の中核症状よりも，複雑多岐にわたる「行動・心理症状（BPSD：Behavioral and Psychological Symptoms of Dementia）」の影響が，大きくなってきているからです。BPSDはかつて周辺症状とも呼ばれていた認知症に伴う行動や心理症状のことで，徘徊や妄想・攻撃的行動・不潔行為・異食など多くのものがありますが，すべてが現れるわけではありません。服薬や疾患，環境変化，ケアの対応などにより，その出現や症状の程度に違いが見られます（日本認知症予防学会監修2017）。

　BPSD の発現には，患者・利用者一人ひとりの心理や生活歴など，介護する側のきめ細かな観察力，洞察力を伴う対応が必要とされます。これからの介護の仕事には，より知的で感受性に優れた働きかけが望まれ

**表5-1　介護人材の需給ギャップ**

| | |
|---|---|
| 介護人材の需要見込（2025年度） | 253.0万人 |
| 現状維持シナリオによる介護人材供給見込（2025年度） | 215.2万人 |
| 需給ギャップ | 37.7万人 |

出所：厚生労働省社会・援護局（2015）。

るのです。また，「受容力」や「理解力」などの意味を含むホスピタリティの実践が期待されます。

　これからの日本では，他の産業とは異なり，このような仕事の需要がどんどん増え続け，しかも業務が高度化し複雑化していく可能性があります。厚生労働省は，表5-1のように団塊の世代がすべて75歳以上となる2025年には38万人もの介護職が不足すると予測しています。

### 2）介護人材逼迫の背景

　介護福祉士を養成する全国の大学や専門学校などの定員に対する入学者の割合が2016年度には46.4％と，若者の中で介護分野への就業意欲が著しく低下しています（日本介護福祉士養成施設協会 2016）。介護専門職の需要は高まる一方，供給がどんどん細っていくのが現状であり将来の姿といえます。その背景の一端に，介護の仕事に対するマイナスイメージの広がりがあります。マスコミはじめメディアが介護の仕事を語る時，その業務環境の過酷さや賃金など処遇の劣悪さを話題にすることが多く，介護の現場で働く人の声として仕事への不満を取り上げるケースが少なくありません。家族介護力が弱体化した今，そしてこれからの日本では，高齢を迎える誰もが他人の世話になる可能性があり，介護されるのも至極当然のことです。

　しかし，自分の娘や息子が「介護の仕事をしたい」と言い出した時，喜んで送り出す親が果たして何人いるでしょうか。今こそ，介護の仕事に携わる人々のやりがいや働きがいを見つめなおし，介護の仕事の魅力づくりについて，介護に携わる者，なかんずく運営者・経営者は真剣に向き合っていくべ

き時だと考えます（序章参照）。

### （2）伝統的介護運営者の保守的な観念

　第2のポイントは，介護事業を運営する側によくみられる特性です。介護職員を預かる社会福祉法人など福祉業界に長く身を置く運営者や責任者からは，介護業務の崇高性や献身性がよく語られます。「職員はみんな頑張っているんですよ」「ギリギリまで我慢してやっているんですよ」と。事実，筆者が信愛報恩会に来た当初，部署によっては毎月の残業時間が80〜100時間などという職員をあちこちで目にしていました。しかし筆者には，運営する側からみて，介護の仕事には「自己犠牲」「過度の使命感」は当たり前と認識しているようにしか見えませんでした。自己犠牲について，吉原はこのように述べています。

　　　「日本においては，自己犠牲の精神を強調する傾向がある。一見，自己犠牲は美しいことのように考えられがちである。しかし，このことは一時的であって長続きしない考え方であるといわなくてはならない。なぜならば，個々人が創造性を発揮するどころか，働く人間が肉体的にも精神的にも摩耗していくといった危険性を内包しているからである。自分を活かす発想に立たなくてはこれからのイノベーションは成り立たないであろう。」（吉原編著　2014：16）

　この記述は，まさに介護の現場について語っています。残念ながら21世紀に入って20年になる今でも，介護の世界には「滅私奉公」を期待する経営者が少なくありません。働く人たちのやりがいや公正な評価と処遇の納得性，そしてワークライフバランスを考えることなど，健全な組織にとっては当然のことであるはずです。

　しかし，介護では，これらを積極的に取り上げようとはしてこなかった施

設や事業所が多く，「バーンアウト（燃え尽き）」して去っていく職員も少なくありません。介護保険制度以前の措置時代ならいざしらず，いまや介護分野に幾多の民間事業者が関わる時代です。従業員（職員）の働きがいや評価の公正さなどについて，民間の優良企業には既に手を打っているところもあります。社会福祉法人も，変化していかなくてはなりません。

### （3）介護現場で働く人々の評価のあり方

　そして，第3のポイントは，介護の仕事に従事している人々への評価の問題です。筆者が介護に携わってからの短い間にも，何人もの素晴らしい人々と介護の現場で出会っています。働く姿勢・態度，利用者への心配りなど，介護の現場で見聞する日頃の対応に，職員たちのリソースとホスピタリティの発露を何度となく目にすることがあります。

　一方，希望の就職先を選ぶことができず，仕方なく介護の仕事に就いている人々がいることも想像できます。もちろん，介護の仕事をやり始めてから仕事意識に目覚めるケースもありますが，残念ながら消極的で義務的に業務をこなしているようにしか見えない人たちもいます。問題は，これら双方の職員たちが同じ評価・処遇の扱いを受けていることです。

　介護の世界ではいまだに年功序列で，能力発揮の有無にかかわらず，施設内職歴が長いほど，高い評価と高い処遇を受けやすくなっている場合が多いのです。世間でいう全般的な所得劣位を改善していくのはもちろんですが，このような旧来的な評価・処遇を行い続けていけば，能力があり意欲的な人ほど他産業に転職していきます。さらに，介護の仕事を目指し意欲を燃やしていた学生も，現場での評価の実態に失望し，他産業に関心を移すことが多くなれば，前述したように，ますます介護人材の逼迫が進んでいくだけです。

# 5　納得性のある「業務評価」推進の意味

## （1）イメージを変える評価システム

　筆者は，介護の世界に向ける世間の評価を変えていく一つの手立てが，介護職を対象にした納得性の高い業務評価と，それに伴う処遇システムを創り上げていくことだと確信しています。なぜなら，意欲ある介護職員から見て納得性の高い評価方式を開発し，それを継続運用していくことで，単に私たちの組織だけではなく外部からも認知されるようになり，良い意味で介護の仕事そのものに対する世間の評価を覆していけると考えるからです。さらに，職員の日々の仕事を的確に評価し，成長を促す職場環境をつくることにより，質の高い人材の雇用と離職抑制につながっていくと考えるからです。

　筆者が職員と話す中で，家族に対しての介護体験などをきっかけに，この介護の仕事を積極的に選んできた素晴らしい介護職員たちが何人もいることに気がつきます。そのような職員たちが日々行っている介護業務の中に，利用者の QOL の充実に向けた「共感性」や「交流性」の発露が明らかに見て取れるシーンがあります。次項では，その典型例と思われる事例を取り上げます。

## （2）ホスピタリティ価値の提供と評価者

### 1）事例と評価尺度

① 　利用者に対しての基本姿勢と働きかけの本質——事例1

　Aさん（40代・女性）は，特別養護老人ホーム（特養）の介護職員です。介護の仕事を始めてまだ5年で，それまでは全く別の仕事に就いていました。全部で190ものベッドがある特養の1フロア（40床）に勤務し，夜勤も頑張っています。ただ，このフロアでは認知症の進行などにより，夜間落ち着かず不穏な状態になり，暴れたり深夜動き回る数人の利用者が職員を悩ませ

ています。トラブルを避け，できるだけそのような人に近づこうとしない職員が多い中，Ａさんの行動は違っていました。

　Ａさんは夜勤に入る時，まずはそのような悩ましい人の部屋を敢えて訪ね，「こんばんは。今日は私Ａが担当です。何かあったら，遠慮なく言って下さい」と，明るく元気な声に笑顔を添えて語りかけます。その際，彼女は，その利用者の視界にはっきり捉えられるように同じ目線の位置で接し，手や肩にそっと触れます。すると，不機嫌そうにイライラしていた利用者が，見るからに安心したかのような落ち着きを取り戻し，笑顔でＡさんに応えます。Ａさんが介護の仕事にやりがいを感じるのは，まさに自分の対応によって利用者から笑顔が返される瞬間だと，本人から聞いたことがあります。そして，Ａさんが夜勤の時には，夜の頻回のナースコールなどのトラブルが少なくなるという効果も生まれ，結果的に，彼女のサービス価値の提供が安定的に行われていくようになりました。

　②　公正な評価とは何か

　ここには「安心感」「安らぎ」「温もり」などを伴う「相互交流」「信頼性」といったホスピタリティに特徴的な「双方向性」が，自然に表れているといってよいでしょう。ただ一般的に，これらの「ホスピタリティ価値」，そしてその前提条件としての「安定的なサービス価値」，さらには礼儀，節度や態度，言動など基本的な「人間価値」に対する公正な評価尺度を持っている施設は少なく，筆者たちの介護現場においても例外ではありませんでした。特にそれらを観察し評価する「評価者」，つまり職場におけるリーダー層や管理者層について，人材が不足もしくは希薄な状況にある施設が多いのです。なぜなら，リーダー適性とは無関係に年功による内部昇進を行ってきた施設であればあるほど，評価基準の公正さや納得性は得られず，「その人流のひとりよがりの評価」になってしまうからです。

　ちなみに事例１のＡさんは，前述した夜勤での働きかけを若い後輩の職員に「こうする方が，ご利用者さんも安心するのよ」と言って，その意味合い

や効果をしっかり伝えながら教えていて，いわば指導育成の役割も担っていました。しかし，Ａさんの職歴からいって，高い評価と処遇が実現されることはありませんでした。

### ２）「評価者」が鍵

筆者たちが旧来のやり方を変える際，最も力を入れて行わなければならないと考えたのは，評価者育成のための「評価者研修・訓練」でした。前述したように，「人（の業務）を人が評価する」というのは，とても難しく面倒なことだといえます。おそらくどれほど素晴らしい方法があっても，被評価者が100％納得できる評価などはないでしょう。なぜなら，被評価者とは考えも嗜好も違う評価者が，独自の心理行動側面を持つ被評価者を隅々まで見ても理解できるはずがないと考えるからです。そして評価者もまた，メンバーの能力発揮についてきちんと見て評価するなんて，面倒くさくてかなわない，それより体を動かしてメンバーと一緒に働いていた方がよっぽどよいと考えるようになります。

そんな両者の思惑から，結局，評価者は無難で差がつかない「中庸」評価でお茶を濁したり，評価者の「好き嫌い」による人物評価がまかり通ることになるわけです。このような組織・職場に今回のような評価システムの変更を提案し説明すると，多くの職員から「あんな上司（リーダー）に評価されたくない！」とブーイングが起こります。筆者たちのケースでも，一部から不満の声が上がりました。それゆえ，新評価システムの構築には，「評価の公正さ」を求めるため，評価者の「適格性」と「評価者教育」は不可欠な要素になります。

## 6　サービス価値設計とキャリア段位制度

### （1）なぜ「キャリア段位」をヒントに？

介護現場におけるサービス価値，すなわち，第三者から見て納得できる

「サービスの標準・基準」を新たにつくり実施していくために，筆者たちが活用したのが前述した「キャリア段位制度」でした。この評価方式の変更において，鍵になることは評価者の「ものの見方・考え方」です。つまり，この場合は評価対象の評点をできる限り，あいまいで主観的なものにしないことでした。よくある5段階方式（「5・とてもよくできた」「4・まあまあできた」「3・どちらともいえない」「2・あまりよくできなかった」「1・まったくできなかった」）において，それら評点の違いを明確に被評価者に説明できる評価者が果たして存在するでしょうか。

　多種多様な介護技術の一つひとつを客観的に定義づけ，それが「できる」「できない」と判定し，しかも安定的に行われているかどうかを評価していく，そのような評価方法で開発されたのが「キャリア段位制度」でした。キャリア段位の評価方法で最も特徴的なことが，一つの介護業務（「食事」「入浴」「排せつ」など）をいくつもの技術プロセスに細分化し，それぞれの「できる」「できない」を評価した上で，総合的にその介護ができたかどうかを判定することだといえます。

### （2）キャリア段位制度の評価概要の特徴

　制度のスタート時に内閣府から発行されたパンフレットに，評価基準がどんな考えに基づいて作られたかが述べられています（内閣府 2012）。施設介護に関して次の3点が主な特徴として挙げられていますが，筆者たちは，この考えが介護職員への納得性を高めるものと確信して導入を決めました。

#### 1）客観的に評価できる基準の明確化

　「適切に～できる」「確実に～できる」といったあいまいな基準ではなく，ある一定期間の中で，その業務が「できる」のか「できない」のかを，誰でもが判定できるようにした評価基準になっています。

#### 2）OJTツールとして活用できる基準

　介護現場での評価を重視して，ただチェックするだけでなく，具体的なケ

アや業務の内容を記載するようになっています。それにより評価者である
リーダーが，被評価者の「できない業務・項目」や「不十分な業務・項目」
がはっきりとつかめ，訓練必要点が具体化され指導しやすくなります。

### 3）「できる（実践的スキル）」の評価基準

一つの介護技術（食事・入浴等）が，多くの介護行為に分解されています。
たとえば，入浴介助については４つの小項目から成り，その小項目はさらに
14のチェック項目から構成され，具体的でかつわかりやすい基準になってい
ます。評価者は，チェック項目について，以下のいずれかの評価を選びます。

　　A「できる」
　　B「できる場合とできない場合があり，指導を要する」
　　C「できない」
　　－「評価対象外」

また，小項目は「○（できる）」「×（できない）」で評価します。チェック
項目については，「A」が８割以上でしかも「C」及び「－」がない場合は，
「○」評価にします。それでは，「入浴介助チェック」を例にとって，実際の
評価を見ていくことにしましょう（表５‒２参照）。入浴介助のチェックは，
次の４つの小項目から成っています。

　　1［入浴前の確認ができる］
　　2［衣服の着脱ができる］
　　3［洗体ができる（浴槽に入ることを含む）］
　　4［清拭ができる］

そして具体的にチェックするのは，１～４の小項目の中のさらに分けられ
た２～５のチェック項目です。小項目１［入浴前の確認ができる］では，①

## 表5-2　基本介護技術の評価の例——入浴介助チェック表

1. 入浴介助

| No | 小項目 | チェック項目 | 小項目評価 | チェック項目評価 | | | | チェック日 | チェック日 | 評価の根拠（利用者の状態，介護等の対応内容，記録等） |
|---|---|---|---|---|---|---|---|---|---|---|
| | | | | A | B | C | － | | | |
| 1 | 入浴前の確認ができる | ①バイタルサインの測定や利用者へのヒアリング等による体調確認，意向確認を行い，入浴の可否について確認したか。 | ○ | ○ | | | | | | |
| | | ②バイタルサインや医療職の指示，既往歴などに基づいて，利用者の状態に応じた入浴方法が選択できたか。 | | ○ | | | | | | |
| 2 | 衣服の着脱ができる | ①体調や気候に配慮しながら，利用者の好みの衣類を選んでもらったか。事前に一緒に選べない場合は，着脱前に本人に確認したか。 | × | | | ○ | | | | ①衣類について，事前に職員が準備したものを，ご本人に確認せずに着せてしまっている。②忙しくなると，バスタオルで肌の露出を防ぐ行動がおろそかになる。④忙しくなると，何でも職員のペースで介助してしまう。 |
| | | ②スクリーンやバスタオル等を使い，プライバシーに配慮したか。 | | | ○ | | | | | |
| | | ③脱衣の際に，健側から患側の順番で行ったか。 | | | ○ | | | | | |
| | | ④ボタンの取り外し等，自力でできるところは自分で行うよう利用者に促したか。 | | | ○ | | | | | |
| | | ⑤しわやたるみがないか確認したか。 | | | ○ | | | | | |
| 3 | 洗体ができる（浴槽に入ることを含む） | ①末梢から中枢の順番で洗い，可能な方は陰部は健側の手で洗ってもらったか。 | ○ | | ○ | | | | | ①忙しくなると，何でも職員のペースで介助してしまう。 |
| | | ②浴槽に入るときは，利用者に手すりなどにつかまってもらい，バランスを崩さないように入浴できたか。 | | | ○ | | | | | |
| | | ③簡易リフト，入浴機器を用いて入浴した場合，利用者の身体の位置を確認し，手が挟まれる等の事故に注意して，安全に入浴できたか。 | | | ○ | | | | | |
| | | ④入浴後，体調の確認をし十分な水分補給ができたか。水分補給を別の職員が行う際は，その確認ができたか。 | | | ○ | | | | | |
| 4 | 清拭ができる | ①バイタルサインの測定，利用者へのヒアリング等による体調確認の結果や医療職の指示等に基づき，清拭の可否について確認したか。 | ○ | | ○ | | | | | |
| | | ②スクリーンやバスタオル等を使い，プライバシーや保温に配慮したか。 | | | ○ | | | | | |
| | | ③末梢から中枢の順番で拭くなど，適切な順番でできたか。 | | | ○ | | | | | |

メモ記入欄
・自分でできる部分はできるだけやっていただく，という意識はあるものの，忙しくなると流れ作業的に業務を行ってしまう傾向がある。
・衣類をご本人に選んでいただいたり，浴室でどんなものを着るのか確認したりする行為の重要性をまだ理解できていない。

「バイタルサインの測定や利用者へのヒアリング等による体調確認，意向確認を行い，入浴の可否について確認したか」と②「バイタルサインや医療職の指示，既往歴などに基づいて，利用者の状態に応じた入浴方法が選択できたか」の２点です。表５-２の例では両チェック項目ともＡ「できる」に〇が付けられましたので，小項目評価も「〇」になっています。同様に小項目３と４も評価は〇でしたが，小項目２［衣服の着脱ができる］については，①「体調や気候に配慮しながら，利用者の好みの衣類を選んでもらったか。事前に一緒に選べない場合は，着脱前に本人に確認したか」がＣ「できない」の評価，他の②と④もＢ「できる場合とできない場合があり，指導を要する」の評価でした。この場合の小項目２の評価は「×」になります。このように，ＣやＢの評価を付けた時には，評価の根拠を詳述しなければなりません。たとえば表５-２には「衣類について，事前に職員が準備したものを，ご本人に確認せずに着せてしまっている」との記述があります。

## （3）プロジェクトチームによる評価表改訂・開発作業

　キャリア段位制度が公にされてから，ラッキーなことに筆者たちの中にこの制度の実施のキーパーソンともいえる「アセッサー（評価者）」にチャレンジした人が複数いたことが判明したのです。

　早速，４人のアセッサーを集め，職員の教育・訓練ツールと捉えられていたこのキャリア段位が果たして業務評価として使えるかどうか，現場の目から見た否応を確認してもらいました。熟慮した上で，「使えます。やるべきです」と答えたのが，その後「本部・人材開発室」を立ち上げる際に異動してもらったＢさん（男性・30代後半）でした。介護福祉士で他組織での現場キャリアも豊富に持ち，ケアマネジャーの資格も持ち介護理論にも強いＢさん抜きには，今回の評価方式改革へのチャレンジは難しかったといえます。Ｂさんを中心にアセッサーによるプロジェクトチームを組み，理論（キャリア段位）を実践（信愛での）に導く可能性を検討し，実際の評価方法を創り上

げていきました。すなわち，キャリア段位制度のチェック項目をプロジェクトチームメンバーで一つひとつ読み込み，私たちの組織に合った表現に直したり，文言の追加，修正を行っていったのです。

　チームメンバーによって何度となく行われた検討会の結果，職員のレベルに応じ，「基本介護技術」，「利用者視点での評価」の具体的な行動をチェックする小項目チェック表を作成し（表5-2・3），さらに，メンバーが考案した「リーダーシップマネジメントチェック表」（表5-4）もでき上がりました。これは，これからの評価システムで最も鍵となるリーダー（候補）の評価を，的確にやっていくべきとのメンバーの強い気持ちが生んだ評価表です。評価表づくりはキャリア段位を参考にしましたが，細かな文言や表現の修正，そして，新たに加えられたリーダー評価表などを考慮すると，まさに信愛の現場リーダーであるプロジェクトチームメンバーの情熱によって創り上げられた「信愛オリジナル」の評価ツールといえます。

　表5-3では，小項目1［相談・苦情対応ができる］のチェック項目④「苦情に対する解決策及び再発防止策を利用者や家族に説明し，納得してもらえたか」の評価がC（利用者，家族への説明の機会が少ないため実施していない）となっています。この場合，本人が「できる・できない」というより，利用者や家族への説明責任を果たす役割まで至っていない，と評価者からみられているかもしれません。

　表5-4では，小項目の2［チーム内の相乗効果を高めるよう取り組んでいる］のチェック項目④「行動目標に対し，自ら率先して行動しているか」と⑤「必要に応じたOJTを行っているか」がB評価となっています。また小項目3［PDCAの管理サイクルを徹底し業務管理をしている］のチェック項目②「計画の立案に際しては，5W2Hを使い，具体的に行動できる業務になるよう，方法を決めているか」と③「日々の業務や，職員の行動について確認し，その評価をしているか」がB評価です。したがって，チェック項目のAが80％未満となり，小項目2および3の評価は「×」となります。

## 表5-3　利用者視点での評価の例——利用者・家族とのコミュニケーション

1. 利用者・家族とのコミュニケーション

| No | 小項目 | チェック項目 | 小項目評価 | チェック項目評価 | | | | チェック日 | チェック日 | 評価の根拠（利用者の状態，介護等の対応内容，記録等） |
|---|---|---|---|---|---|---|---|---|---|---|
| | | | | A | B | C | - | | | |
| 1 | 相談・苦情対応ができる | ①（自分で対応できない場合）相談・苦情の内容について，上司に報告し，対応を依頼することができたか。 | × | ○ | | | | | | ④利用者，家族への説明の機会が少ないため実施していない。⑤情報整理，報告はできているが，チーム内での解決策検討が不足している。 |
| | | ②相談・苦情の内容及び関連情報を正確に把握・収集し，わかりやすく整理することができたか。 | | ○ | | | | | | |
| | | ③苦情の要因を特定し，解決策及び再発防止策を考えることができたか。 | | ○ | | | | | | |
| | | ④苦情に対する解決策及び再発防止策を利用者や家族に説明し，納得してもらえたか。 | | | | ○ | | | | |
| | | ⑤相談・苦情に対する解決策について，チームメンバーと共有し，解決策が継続的に実践されるよう働きかけを行ったか。 | | | ○ | | | | | |
| 2 | 利用者特性に応じたコミュニケーションができる | ①家族に利用者の日頃の様子などの情報を積極的に伝えることができたか。 | × | ○ | | | | | | ④～⑦利用者に対する傾聴の姿勢，取り組みは良くできているが，個人に応じた対応やそのための手段，技法が不足しており，コミュニケーションがうまくいかないことがある。 |
| | | ②利用者が興味関心を持てるような話題を取り上げ，コミュニケーションをとったか。 | | ○ | | | | | | |
| | | ③利用者の話に耳を貸し，意思表示を把握し，理解することができたか。 | | ○ | | | | | | |
| | | ④認知症の利用者に対し，その特性に応じた声掛けやジェスチャー，表情等により，利用者の意向を確認し，介護の内容を伝えることができたか。 | | | ○ | | | | | |
| | | ⑤視覚障害の利用者に対し，その特性に応じた声掛けをし，利用者の意向を確認し，介護の内容を伝えることができたか。 | | | ○ | | | | | |
| | | ⑥聴覚障害・難聴の利用者に対し，その特性に応じた声掛けやジェスチャー，表情等により，利用者の意向を把握し，介護の内容を伝えることができたか。 | | | ○ | | | | | |
| | | ⑦言語障害・発語に障害のある利用者に対し，その特性に応じた声掛けやジェスチャー，表情等により，利用者の意向を把握し，介護の内容を伝えることができたか。 | | | ○ | | | | | |

## 表3-4　リーダーシップマネジメントチェック表の例

Ⅲリーダーシップ・マネジメント

2. 業務マネジメント

対象職員：＿＿＿＿＿＿　　評価者：＿＿＿＿＿＿

| No | 小項目 | チェック項目 | 小項目評価 | チェック項目評価 | | | | チェック日 | チェック日 | 評価の根拠（利用者の状態，介護等の対応内容，記録等） |
|---|---|---|---|---|---|---|---|---|---|---|
| | | | | A | B | C | － | | | |
| 1 | 情報伝達・共有を確実に行えるよう取り組んでいる | ①業務やシステム，利用者の変更事項等，ひとつの情報を事業所・施設内の職員の末端まで伝達できているか。 | ○ | ○ | | | | | | |
| | | ②業務やシステム，利用者の変更事項等，ひとつの情報を事業所・施設内の職員全員が理解しているかを確認しているか。 | | ○ | | | | | | |
| | | ③自ら積極的に職員に声をかける等することで，コミュニケーションを活発にし，事業所・施設内で「報・連・相」が自然にできる環境を推進しているか。 | | ○ | | | | | | |
| | | ④情報伝達・共有について，事業所・施設内での課題や問題点を，上司に報告し，解決ができているか。 | | ○ | | | | | | |
| 2 | チーム内の相乗効果を高めるよう取り組んでいる | ①チームの職員個々の特性を理解し，適材適所の人材配置やシフト作成ができているか。 | × | ○ | | | | | | ④ミーティングなどで必要事項の伝達などはよくできているが，職場全体で行動する際に，部下任せにして自分から動いて手本になることが少ない。<br>⑤口頭での指導はよく行っているが，自ら動いて「見せてやらせる」ことは苦手だ。 |
| | | ②利用者の変化や要望に対し，事業所・施設内での目標を立案し，さらにそれを具体的に実践できるようにして職員に伝えているか。 | | ○ | | | | | | |
| | | ③目標に対し，職員が相互に協力しながら行動できるよう，事業所・施設内のコミュニケーションを円滑にしたり，他部署とのネットワークを構築する等しているか。 | | ○ | | | | | | |
| | | ④行動目標に対し，自ら率先して行動しているか。 | | | ○ | | | | | |
| | | ⑤必要に応じた OJT を行っているか。 | | | ○ | | | | | |
| | | ⑥会議やミーティングなどの場で，目標に対しての取り組みについて，フィードバックを行い，その結果や考え，課題等を把握し，評価しているか。 | | ○ | | | | | | |
| 3 | PDCAの管理サイクルを徹底し業務管理をしている | ①目標設定や計画の立案には，できるだけ職員を参画させているか。 | × | ○ | | | | | | ②指示の仕方で，「いつまでに」が抜けることがある。また，「なぜ」それを行うのかの説明が足りない場合がみられる。<br>③職員の観察がやや大雑把で，問題の具体的な指摘や指導が不足気味。 |
| | | ②計画の立案に際しては，5W2H を使い，具体的に行動できる業務になるよう，方法をきめているか。 | | | ○ | | | | | |
| | | ③日々の業務や，職員の行動について確認し，その評価をしているか。 | | | ○ | | | | | |
| | | ④取り組みの結果，問題が生じたり，課題が発生した際に，応急的な処置や解決のための方策を実施できたか。 | | ○ | | | | | | |
| | | ⑤業務の標準化のために，チーム内で業務の質にバラつきがないようチェックをしているか。 | | ○ | | | | | | |

# 7　経営の土台としての人間価値の評価

## （1）「人間価値」をどう見るのか

　このようにして，職員の介護現場での技術評価については，ある程度目途が立ちました。しかし，当然ながら技術レベルだけを評価して終わりではありません。介護技術に優れ，ベテランと呼ばれた職員の中に，虐待類似行為（ご利用者への暴言など）を何年も続けていた者が，残念ながら過去に当法人内にもいました。介護経験の長短や正規職員か非正規職員かなどの要素は，「土台としての人間価値」と何ら相関関係は見出せません。

　しかも多くの人が言うように，人間価値を構成する要素のほとんどは，大人になってからの訓練や指導でたやすく矯正改善できるものではありません。それは，当人が育った生活環境・社会環境や人間関係などに影響される部分が多いからです。介護技術が満点でも，連絡もなく休む，遅刻する，挨拶もしないなど，チームメンバーとしての責務やマナーを著しく欠く職員がいたとしたら，新評価システムでは，「コミットメント評価」が大きくマイナスになってしまいます。

　筆者たちの職場では数年前，法人全体を揺るがすほどの問題となった「虐待事件」がありました。そのようなことを再び起こさないように，職員とのグループ面談を通しプロジェクトチームによって創られたのが「信愛コミットメント」でした（表5-5）。これは，私たちがケアの仕事をしていく上での「基本的な心構え・行動」，また「約定」を表したものです。当時の一般職員（20～50代）によるプロジェクトチームメンバーが何度となく集まり，そして職場に持ち帰って表現を詰めました。素晴らしい内容の文言ができた時，筆者が関わったことで，それは単なる「約束」ではなく「行動義務を持つ強い意味の約定」であったことがわかります。そのような意図があって，名称を「コミットメント」にしてもらいました。また，この信愛コミットメ

表5-5　信愛コミットメント

| |
|---|
| 1. 私たちは，患者・利用者のみなさまを大切にします<br>・みなさまが困っているとき，素通りしません<br>・みなさまのお気持ちや考え，みなさまの「物語り」を大切に聴きます<br>・みなさまを不快にさせる乱暴な言葉遣いや行為はぜったいにしません<br>・みなさまのご家族や友人も大切にします<br>　どこにいても，最期の時まで，私たちが見守ります<br>2. 私たちは，私たちの職場を大切にします<br>・いつも笑顔であいさつします。仲間の体調を気遣い，お互いに理解が深められるようにします<br>・不適切な言動を注意しあいます。仲間と共に学びあい，役割・責任をはたします<br>・良いケアをするために，自分自身の健康管理に努めます<br>3. 私たちは，地域のみなさまを大切にします<br>・地域に愛されるサービスをおこないます<br>・いつでも気軽に立ち寄れる「信愛さん」をめざします<br>・ボランティアの方へ感謝を表します<br>信望愛の精神を受け継ぎ，コミットメントを果たすことが私達の使命です |

出所：信愛コミットメントプロジェクトチーム作成。

ントは「活私利他」を表現しているばかりか，「三方よし」にも通じています（第1章5参照）。


## （2）コミットメント評価

　この「信愛コミットメント」ボードが，法人内事業所の各所に掲示されており，介護の原点を常に思い起こす役割を果たしています。コミットメント評価は，「信愛コミットメント」に基づいたチェック項目により評価されます（表5-6）。

　コミットメント評価表では小項目評価はなく，14のチェック項目について評価します。たとえば，表5-6では［あいさつができる］では，「誰にでも積極的に，笑顔であいさつができたか」の評価はBでした。根拠の記述は「職場の仲間へのあいさつが欠けることがみられる」とあります。コミットメント評価のチェック項目は，チームマネジメントの上では全部がAであってほしいので，特に職員の「昇給・昇格」に際してA評価が資格等級（4～

## 表5-6　コミットメント評価チェック表

| No | 小項目 | チェック項目 | チェック項目評価 A | B | C | – | 評価の根拠（利用者の状態，介護等の対応内容，記録等） |
|---|---|---|---|---|---|---|---|
| 1 | あいさつができる | ①誰にでも積極的に，笑顔であいさつができたか。 | | ○ | | | 職場の仲間へのあいさつが欠けることがみられる |
| 2 | 言動，態度に配慮できる | ①いつでも「感謝」や「いたわり」の気持ちを言葉で伝えているか。 | | ○ | | | チームワークの点で，職場の仲間への声かけや連携・協力が難しいことがある。単独での業務には問題は無い。 |
| | | ②不適切な言動について，職場内で見て見ぬふりをせず仕事ができたか。 | ○ | | | | |
| | | ③「ちょっとまって」や「さっき言った（行った）でしょ」等相手が不快に感じる言葉ではなく，丁寧に説明ができたか。 | ○ | | | | |
| | | ④お互いにカバーしあう姿勢で，チームで仕事ができたか。 | | ○ | | | |
| 3 | 時間を守れる | ①出勤・退勤・休憩時間等，決められた時間を守り，仕事ができたか。 | ○ | | | | 期限の決められた提出物などがルーズになり注意をうけることがある。注意をした後しばらくは期限内提出ができるが，気を抜くと元にもどってしまいがち。 |
| | | ②報告書や提出物等，期限の決められたものを守ることができたか。 | | ○ | | | |
| | | ③やむを得ない勤務変更に際して，早めに報告をし，上司の了解を得てから変更の届け出ができたか。 | ○ | | | | |
| 4 | 心身の調子の管理ができる | ①心身の不調による欠勤・遅刻・早退をおこさないように，自己管理ができたか。 | | ○ | | | 体調不良による欠勤がみられる。 |
| | | ②感染症にかからないよう，うがい，手洗いやマスク使用等を徹底できたか。 | ○ | | | | |
| | | ③やむを得ない欠勤に際しては，早めに職場に連絡をし，上司等に状況の報告ができたか。 | ○ | | | | |
| 5 | 声掛け，話を聴くことができる | ①相手の話を，否定せず最後まで聴くことができたか。 | ○ | | | | |
| | | ②相手の小さな変化やサイン，訴えに対し，足を止め声をかけ，話を聴くことができたか。 | ○ | | | | |
| | | ③職員の相談に乗り，適切なアドバイスや助言等ができたか。 | ○ | | | | |

1・後述）ごとに70～95％以上であることが条件とされています。上記の例では全14項目中５つがB評価でしたので，評価Aの割合は64.3％しかありません。この評価が続く限り，当該職員の昇給・昇格は難しくなります。このように，評価が介護技術だけに偏らないように配慮され，他の人のモデルやリーダーとしては不適格といえるような人物が，指導的職責を担うような過ちを避けることができます。また，小項目の２［言動，態度に配慮できる］は，虐待言動との関連が示されています。そして，評価する上でしっかりと虐待行動防止への意識づけを行っていることを表しています。

　以上，介護現場を担当する職員の評価内容，評価項目は決まりましたが，大事なことは実際の評価がどのような経過をたどって行われるべきかということです。それによって，この制度の妥当性や納得性が確保されるといっても過言ではありません。そこで次に，評価の流れを各評価・面談でのポイントについて触れながら簡単に説明します。

## 8　評価のプロセス・フロー

### （1）評価の流れ

#### 1）期首評価

　期首面談を行う前に，期首評価の面談シート実例（表5-7）のように，まず被評価者が自分の課題（能力向上が必要な小項目・チェック項目）を記述し，その課題が達成された姿を目標として設定し記述します。それを評価者に提出し，課題・目標ともに必要があれば評価者が補記した後に，評価者により具体的な目標が設定されます。評価者はさらに目標達成までのスケジュール，その他コメントを記入します。ここでは，「何ができて，何ができないか」を被評価者，評価者双方ではっきりさせておくことが大事です。たとえば表5-7では，「口腔ケアができる」「技術指導ができる」「業務支援を行う」が

## 表5-7　期首評価の面談シート実例

面談シート

| 被評価者 | 氏　名 | |
|---|---|---|
| 評価者 | 氏　名 | |

| Ⅰ　期首目標設定 | （期末面談後に作成。自己評価→評価者に提出→期首面談で使用） |

> 期末面談による評価と期首評価をふまえて，自身の課題に挑戦するうえで
> 必要な目標（能力向上が必要な小項目・チェック項目）や，目標達成に向け
> た取り組み等を記入してください。

| 自分の課題<br>（能力向上が必要な小項目・チェック項目）<br>＊被評価者記入欄<br>→面談後に評価者が補記 | ・口腔ケアができる。（食事介助　3）<br>・部下の業務支援を適切に行なっている。（リーダーシップ　2）<br>・評価者として，適切に評価できる。<br>Ⅱ-1-1　相談・苦情対応ができる<br>　　　　　→この項目については，現在の状況を見ても問題ないと<br>　　　　　　考える<br>Ⅲ-1-3　評価者として適切に評価できる<br>　　　　　→この項目は対象外<br><br>・拒否がある方に対する口腔ケアが難しい。<br>　自分で出来る利用者に対し，時間がないと『待つ』ができないことがある。<br>・身体拘束に関して自己評価に×あり。事故防止対策委員でもあるため，取り組みは必要。<br>○以下の3項目を課題とする<br>Ⅰ-2-3　口腔ケアができる<br>Ⅲ-1-1　現場で適切な技術指導ができる<br>Ⅲ-1-2　部下の業務支援を適切に行なっている<br>※Ⅱ-5　身体拘束　については，Ⅰ-2-3　口腔ケア　課題解決後とする。 |
| 課題を解決するために，自分が必要と考える目標。<br>＊被評価者記入欄<br>→面談後に評価者が補記 | ・口腔ケア時，拒否がある方でも，その方のペースに合わせ，しっかりと口腔ケアを行なっていきたいです。<br>・業務内で忙しい状況の中でも状況を把握し，やり忘れなどないよう落ち着いて行動できるようにしたいです。<br>また，利用者・職員共に不安感を与えないようコミュニケーションを通じて日々すごしていきたいです。 |
| 課題を解決するために，上司が被評価者に対して必要と考える目標（具体的に）<br>＊評価者記入欄 | Ⅰ-2-3　口腔ケアができる<br>・口腔ケアが難しい入居者について，健友会の歯科衛生士に協力を得て方法を見学したり，話を伺う。<br>・入居者に合った口腔ケア用品であるか確認する。<br>・口腔ケアが済んでいない，出来ていない状態で臥床していることがある。<br>　スタッフ間で声を掛け合いつつ，確実に行なえる方法を確立する。<br>Ⅲ-1-1　現場で適切な技術指導ができる<br>Ⅲ-1-2　部下の業務支援を適切に行なっている<br>・毎月開催しているフロアミーティング内で，ミニ研修を実施する。実施内容は事前に計画し主任に提出。承認を得る。 |
| 目標達成のためのスケジュール<br>＊評価者記入欄 | Ⅰ-2-3　口腔ケアができる<br>・1ヶ月<br>Ⅲ-1-1　現場で適切な技術指導ができる<br>Ⅲ-1-2　部下の業務支援を適切に行なっている<br>・9月の期中面談時までに，2回実施<br>※5月中に一度進捗状況確認のため面談実施予定とする。 |
| その他コメント<br>＊評価者記入欄 | 口腔ケアについて自信がないとのことで，今回取り組むこととした。係の29年度事業計画にも，口腔ケアの内容が含まれている。今回の取り組みから得たものは，是非フロアスタッフに対し発信して頂きたい。リーダーとしてスタッフと関わることも多い。昨年度は感情が表情や態度に表れることも多かったが，その点は自覚し改善してきている。今回はミニ研修の計画を立て実施することで，経験年数・国籍など異なるスタッフ達にどうしたら伝わるか…改めて『指導すること』の原点に立ち返ってもらいたい。 |

目標となり，スケジュールや臨時面談時期などが記述されています。

### 2）期首面談

　事前に記入してある期首評価のすり合わせを行います。両者の合意が取れなければ，（特に被評価者が目標設定などに納得いかない場合）評価者は，被評価者が納得いくようにきちんと説明しなければなりません。合意がとれた上で，評価者は課題達成のための OJT 計画を具体的に提案します。

### 3）OJT

　被評価者が課題克服に必要な技術向上のための指導・助言を，評価者が日々行います。課題のポイントを押さえつつ，被評価者との「1日の振り返り」を必ず実施します。また，設定した OJT 計画の進め方に不具合が生じた場合は，適時修正していきます。

### 4）期中評価・面談

　上半期が終了した時点で，進捗状況の自己評価（被評価者）と達成可能性を評価（評価者）した上で，面談を行います。何が問題となっているかを両者で確認しながら，必要であれば下半期での OJT 計画を練り直します。思わぬ状況の変化（長期傷病など）があった場合には，目標の修正を行うこともありえます。

### 5）期末評価・面談

　両者の間で，きちんと「できたもの」「できないもの」について確認し合意をとり，評価の妥当性を図ります。被評価者が評価結果に納得がいかない場合，評価者は上司にその旨を必ず報告し，施設長や介護課長，法人役員など上位職のメンバーによって構成される人材開発委員会が再評価を行います。

　なお，できる限り現場に任せていくつもりですが，新制度に切り替えた当初の2～3年は，著しい評価の偏りなどがあった場合，当該評価者や上位職位者とともに評価内容をチェックし，修正提案をするなどの役割も人材開発委員会は担っています。最終的には，次年度目標につながる課題，改善行動などを被評価者と評価者で確認します。以上の評価の流れをフローチャート

図5-2　評価の流れ（フローチャート）

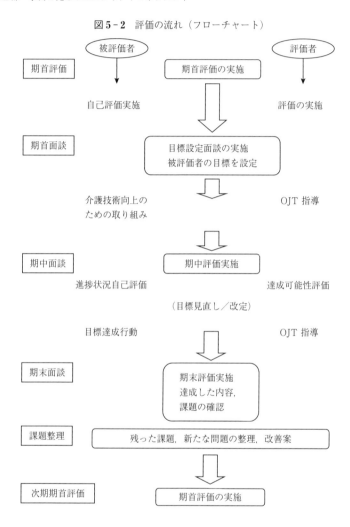

にしたものが図5-2です。


## （2）面談におけるホスピタリティ涵養

　特に期首面談および期中面談において，評価者であるリーダーは，被評価

者であるメンバーの技術評価に表れにくい要素，つまり，コミットメント評価のチェック項目（表5-6）について押さえておく必要があります。「挨拶」「態度・物腰」「ルール厳守」など，土台としての"人間価値"につながる要素において瑕疵がみられる場合，リーダーはきちんとそれを具体的に指摘し改善を促します。その際，態度や心構えを直すというより，一つひとつの言動，つまり発する言葉や具体的行動を注意し，なぜそのことが問題であるか理解させることが重要です。

　その上で「こうした方がよい」とアドバイスします。より効果的なのは，どのようにやればよいのかを，ロールモデル（たとえば前述〔事例１〕のAさんの言動などを引き合いに出して）を見習うなど，取り組みやすい具体的な事例を教えることが大切です。最終的に期末面談で，コミットメント評価が介護職員の場合70％（４等級）～95％（１等級）未満，相談職員など介護現場系以外職員が90％未満ならば，どのような改善行動をとればよいのかをしっかり確認させ，本人に意識させていく必要があります。なぜならば，改善できない場合には「昇給や昇進」が望めないからです。

　また評価者であるリーダーに，期末面談でぜひ伝えてもらいたいことがあります。それは，メンバーの安定的な介護技術による「サービス価値」の提供，ならびに土台としての「人間価値」を伴った「ホスピタリティ価値」行動が，いかに利用者に「潤い」「安らぎ」「癒し」「憩い」「寛ぎ」「あたたかみ」「温もり」「味わい」「優しさ」「和み」などを感じてもらえるかということです。そして，"ここ"で生活することが，「喜び」や「安心」につながっていると感じてもらうことの重要性です。その経験がメンバー自身の「喜び」につながり，介護の仕事にやりがいを持つことにつながる「双方向の関わり合い」が実現されていくことにもなるのです。まさに，ホスピタリティマネジメントの基本的な１次元の目的である「相互歓喜」が生み出されるのです（第２章参照）。

　次に，前述したように公正な評価に近づけるため，最も力を注いで行わなければならない，評価者の育成研修・訓練の実際を紹介します。

# 9　評価者研修

　今まで述べてきたように，従来とは全く異なる評価システムの導入にあたって，評価する側の役割は小さくありません。メンバーの日常行動（動作・仕事に向ける姿勢なども）をしっかり観察する必要があります。その上で，「できる・できない」を評価し，それをしっかり指摘します。さらに，改善目標を設定しサポート行動をとることがマネジメント活動です。年度の中途で達成可能性を予測し，問題が発生すれば改めて課題設定をやり直し目標を再設定することも必要です。そして，最終的な評価を面談で伝え，次年度の課題を確認するのです。

　これだけの評価プロセスでの役割を，できる限りの公正さを伴って果たしていくのは，並大抵のことではありません。今まで，管理者研修もほとんど行われずにきた環境の中で，これだけの評価者に関する業務を遂行してもらうには，メンバーを育てる・成長させるという「育成意識」を強く持ってもらうことが必要でした。評価者研修は，「やり方・方法」ももちろん大事ですが，一種の"意識改革"を求める内容になりました。もちろん，旧来方式でリーダーに選抜された人もいますので，適格者かどうかという不安もありました。

　研修の中で，何度も筆者から「この評価者の役割を果たせず，メンバーから総スカンを食うような人は，リーダー（評価者）の立場を下りてもらいます」と述べ，強い気持ちでチャレンジしてもらいました。以下は，2015年秋から2年半にわたり行われた「評価者研修」の内容です。


　（1）評価者研修——導入研修
　　①　「介護キャリア段位制度の考え方」2015年10月
　　　　キャリア段位制度開発に携わってこられた筒井孝子氏（兵庫県立

大学大学院教授：当時）による講演

② 「ホスピタリティマネジメント」　　　11月

吉原敬典氏（目白大学経営学部・大学院経営学研究科研究指導教授）
による講演

③ 「人を評価するということは」　　　12月

評価することについての基本研修

（2）評価実習

① 「面談と目標設定1」　　　　　2016年1月

② 「面談と目標設定2」　　　　　2月

③ 「評価の進め方」　　　　　　3月

（これ以降，隔月開催。毎回提出課題あり）

④ 「期首面談・目標設定の進捗確認」　　5月

⑤ 「進捗確認」　　　　　　　　7月

⑥ 「期中面談について」　　　　　9月

⑦ 「OJT について」　　　　　11月

OJT の考え方や方法を確認し共有。

⑧ 「期末面談について」　　　　2017年1月

⑨ 次年度の評価の進め方　　　　2月

さらに，2017年度は「リーダー研修」を計5回にわたって実施。

1）「リーダーが作る魅力ある職場」

2）「職場の人間関係を良好にするリーダー行動」

3）「メンバーをやる気にさせるリーダー」

4）「マネジメントとは，マネジャーとは」

5）「日本の社会保障の未来と個人の生き方」

以下より実際の評価プロセスに入り，「評価作業の OJT」を実施。

⑩ 期首・期中・期末面談前に実施　　2018年4月〜

作成書類，評価方法について確認しました。

　以上，かなり長期にわたる評価者研修を行ってきましたが，前述したように今回の評価方式改変が功を奏するか否かは，評価者の考え方・行動に大きく左右されるとみていました。評価される職員の納得性は，まず評価する側であるリーダーの見方・考え方・行動によって決まるといっても過言ではありません。換言すれば，評価者と被評価者間に「公正なる評価」をめぐる信頼関係が成立する必要があります。そのためには，できる限り時間をかけて「情緒的・個人的好き嫌い・偏りのある」評価にならないように気を付けなければなりません。

　評価に人間的要素はつきものです。どんなに理想を言い立てても，個々の人間関係が業務評価に反映しないとはいえません。それでも，「公正なる評価」のために，評価者の見方・考え方をある一定のゾーンに収める努力は，運営者として必須なことだといえます。そのためには評価者群に，第三者から見ても納得できる評価項目をしっかり把握させ，仕事・業務行動を見るのであって，情緒的な人間性を見るのではないことを繰り返し，研修を通じて理解・納得させる必要性があったのです。評価者研修の重要性が，ここにあります。この繰り返し行う研修は，新たに評価者に昇進した新任者に，その都度行い評価の公正さを保持するようにしています。

## 10　処遇と結びつく評価の意味

　前述したように，歴史と伝統がある社会福祉法人で，介護職員向け業務評価方式の制度変更が行われ，年3回の評価面談も既に2度実施されました。混乱が予想された初年度に，人材開発委員会から著しい偏りを指摘され再評価が行われた評価者は1名（全評価者23名中）でした（2017年度）。被評価者・評価者間での軋轢が全くないとは思えませんが，概ねスムーズに推移したといってよいと思います。スタートから3年間は試行錯誤として，人材開発委員会による調整や介入も致し方ないところですが，数年先にはその役割も終

えることでしょう。

　しかし，当事者である被評価者および評価者は，おしなべて今回のプロセスに真剣に取り組み，投げやりな姿勢はみられませんでした。なぜなら，この評価の結果が処遇と結びつくことを意識せざるを得ないからです。評価システムが理想的であっても，それが処遇と結びつかない"お飾り"であれば，いずれ当事者たちはしらけてしまいます。今回，触れることができなかった新処遇システムですが，実は外部コンサルタントとの共同作業を評価フロー実施と並行して検討を重ね，まったく新しいものを創りました。「評価」と「処遇」の連動については情報システム構築も含め2018年度中に行い，実際の処遇反映は2019年度からスタートさせました。

　今回の評価方式で決まる職員の資格等級は，基礎スキル習得者の「4等級」から，管理職手前でマネジメントを理解し部下育成までも評価の対象となる主任クラスの「1等級」までの4段階があります（表5-8）。期末総合評価（表5-9）結果が出たら，当該職員のいる資格等級によりそれぞれ要件を持たせ，満たしたかどうかで，「昇給と昇進・昇格」「維持」「降給・降格」が決まります。

　当然のことながら，これからは，介護報酬の引き上げと引き下げによるベース・アップ／ダウンはあっても，全員対象の年齢による定期昇給はありえません。期末総合評価において「B」「C」評価が続けば，昇給は望めません。場合によっては，「降給・降格」も起こりえます。厳しいと感じる職員がいるかもしれません。しかし，きちんと評価プロセスが行われているならば，その評価結果は1年を通した利用者のQOL充実度を反映したものになっているはずです。したがって，評価の公正さについてのチェックは人材開発委員会を中心に厳正に行い，あいまいにはしません。

　なお，今回記述しました介護現場での評価方法に当てはまらない職種の職員も法人内にいます。たとえば，介護支援専門員（ケアマネジャー）など相談業務を行う職員や事務等の間接部門の職員たちです。このような介護現場系

表5-8　各資格等級における昇給・昇格要件

| 資格等級 | 対象 | 昇給 | 昇格 | コミットメント評価 |
|---|---|---|---|---|
| 4 | 入職〜OJT | － | － | 合格ライン70％以上 |
| 3-1 | 一般介護職① | － | S・A | 同上　　75％以上 |
| 3-2 | 一般介護職② | S・A・B | S | 同上　　75％以上 |
| 2 | リーダー／副主任 | S・A | S＋研修 | 同上　　85％以上 |
| 1 | 主任 | MBO評価にて |  | 同上　　95％以上 |

注：(1)　コミットメント評価が合格ラインを下回り続ける限り昇格はありえない。
　　(2)　一般介護職①：基礎的スキルを習得。
　　　　　一般介護職②：多方面から利用者の生活支援ができる。
　　　　　リーダー／副主任：スキル，知識を駆使し育成指導にあたることができる。
　　　　　　　　　　　　　　　自分の仕事だけでなく，リーダーシップを発揮し協働
　　　　　　　　　　　　　　　できる。
　　　　　主任：チームの状況を把握し，業務マネジメントができる。
　　　　　　　　部下の業務評価をし，チームビルディングができる。

表5-9　期末総合評価

| S評価 | 各資格等級・総得点の95％以上 |
|---|---|
| A評価 | 各資格等級・総得点の90％以上 |
| B評価 | 各資格等級・総得点の70％以上 |
| C評価 | 各資格等級・総得点の70％未満 |

　以外の職員に対しての評価については，いわゆる「目標管理（MBO：Management by Objectives)[1]」方式をとりました。現場職員を対象としたような細かいチェック表はありませんが，年度初めに立てた個人目標（もちろん上司との合意をとった）の達成度により，同様に評価していきます。評価の差異は，主に「自らの力で達成しえたかどうか」と「当該部門目標達成への貢献」がポイントになります。しかし，どの職種であってもその評価の要素には，「年齢」「性別」「職種経験年数」「在籍年数」は一切考慮されません。

　大幅なシステム変更に戸惑う職員もいるかもしれませんが，この筆者たちが開発した「新業務評価方式」と処遇システムが機能し，継続していくことによって，意欲に溢れた介護人材の確保と定着の実現を図りたいと思います。

**注**

(1)　標準化が可能な介護技術による評価と異なり，介護職以外の職種（ケアマネジャーなどの相談職，事務職，食事部門職など）の業務評価として採用しました。各人が所属する部門目標に沿った「個人目標」を設定し，その達成度合いを評価します。個人目標を設定する際は，当該部門内での「自分の役割・責任・仕事の困難度」などが考慮されます。当然のことながら，部門目標の達成に自分がどれくらい貢献できたのかがポイントとなります。以下は，期末総合評価の目安です。また昇給対象は，S・A・B評価（ただし，B評価については2年連続獲得で昇給），昇格対象：S評価を2年連続で獲得，コミットメント評価合格ライン90%以上です。

S評価：個人目標達成＋部門目標達成に大きく貢献。

A評価：個人目標を自らの力で達成。

B評価：個人目標達成，ただし周りの支援を多く要した。

C評価：目標未達。

**参考文献**

厚生労働省社会・援護局（2015）「2025年に向けた介護人材にかかる需給推計（確定値）について」。

シルバーサービス振興会（2014）『介護プロフェッショナルキャリア段位制度——評価者（アセッサー）講習テキスト　平成26年度版』。

内閣府（2012）「平成24年度からキャリア段位制度が始まります」No. 6。

日本介護福祉士養成施設協会（2016）「介養協 News 速報」（10月21日発行）。

日本認知症予防学会監修，浦上克哉・川瀬康裕・西野憲史・辻正純・児玉直樹編（2017）『認知症予防専門士テキストブック 改訂版』徳間書店。

二宮利治（2015）「日本における認知症の高齢者人口の将来推計に関する研究」（平成26年度厚生労働科学研究費補助金特別研究事業）。

横山哲夫（1969）『人事部ただいま13名——ライン人事管理の実践』日本経営出版会。

吉原敬典編著（2014）『ホスピタリティマネジメント——活私利他の理論と事例研究』白桃書房。

吉原敬典（2016）『医療経営におけるホスピタリティ価値——経営学の視点から医師と患者の関係を問い直す』白桃書房。

（鎧　　勉）

## コラム5　ゆとり世代はホスピタリティ世代

　就活する学生に，「面談した人で参考になるのは何歳くらいまでの人か」とよく尋ねます。多くの学生が32～33歳の所で線を引きます。それ以上の人の話は信用できない。30歳以下の人は，私たちと同じような言葉で話せるし，親身になってアドバイスしてくれると言います。

　もちろん，業種や会社によっても違いますが，こうした意見が主流です。初めは単純な世代間ギャップだろうと思っていました。しかし，30歳になった教え子に次の話を聞かされて，この話はもっと深いものだと知ったのです。

　　　「ひきたさん。それはね。今の30歳あたりまでが，『ゆとり教育』を受けた世代なんです。それより上とは違う。私たちは入社の時にさんざん『ゆとり，ゆとり』とバカにされてきました。今の学生の気持ちがよくわかる。40代は，まず無理です。ひきたさんくらいになると，お父さんより年上だから化石みたいなものです。そこまで行けば，尊敬に値します」。

　きつい言葉でしたが，納得しました。色々な定義はありますが，「ゆとり世代」と呼ばれる世代は1987年から2004年生まれまで。始まった頃の人がちょうど30代を超えたあたりです。彼らは，「教科書が薄い」と笑われ，「円周率を3と習った」とバカにされてきた。失敗するたびに「ゆとりはこれだから困る」と苦言を呈されてきました。それだけに，同じ「ゆとり教育」で育った後輩たちには優しい。「入るとこんな風にいじめられる」「上の世代はこんな考え方を持っている」というところまで含めて，学生たちにアドバイスをしているのです。

　大学で多くの就活生の面倒を見ている私には，衝撃的な事実でした。しかし，私は「ホスピタリティマネジメント」が芽吹く機運を30歳以下の若者たちに感じたのです。彼らの多くは，小学生低学年で「阪神・淡路大震災」を体験し，大学生から新入社員の時期に「東日本大震災」を経験しています。多感な10代を大きな震災に挟まれた世代は，上の世代に比べ，人との絆の大切にし，ボランティア活動をし，被災地の子どもたちに向けて手紙を書いた世代です。物を持つこと，買うことへの執着が薄く，仲間との関係性を大事にする。空気を読みすぎて身動きがとれなくなることもありますが，基本は「活私利他」のスピリットにあふれた世代なのです。

　それより上の世代は，グローバルスタンダードの洗礼を受け，「輝ける個人」になることがよしとされた。その上には，「24時間戦えますか」と，会社に忠誠を尽くしバブルの恩恵を受けた世代が控えている。私たち世代が考えるマネジメントは，どう

しても「サービス・マネジメント」の色合いが濃い。より質の高いサービスを提案し実施することで，その対価を受けとる。主従の関係を明確にし，顧客満足のためにサービスにサービスを重ねることが売上げになると考えてしまう。明らかに「ゆとり世代」とはメンタリティに違いがあります。

　新しい社会でその中核を担うのは，今の30歳以下の世代です。一流ホテルのように「主従関係」を明確にしたサービスではなく，Apple Shop のように気さくで，困ったことがあれば一緒に考えるような関係。スマホの修理が完了したり，客がパソコンの使い方がわかった時，「よかった！」と心から言い合える関係性。この共創的な機運をつくる日本人として，私は若者たちに期待を寄せたいのです。

　しかし，彼らが，介護や医療などの現場に入ってくる可能性は極めて低いのが現実でしょう。若い世代には老いや病への実感がなく，自分の理想像の中に「人の面倒を見る職業」は入ってないようです。SNS を子どもの頃からコミュニケーションの中心に置いている彼らは，直接会うどころか電話も嫌うのです。売り手市場が長く続いていること，働き方改革が進む中で職業意識を育み，福利厚生や給与面にも厳しい目を持っているのが今の若い世代です。彼らに対して「人のためになる」「命に携わる尊い仕事だ」というだけでは振り向いてもらえないでしょう。彼らに訴える方法は，大きく2つです。

　一つは，介護などの現場に早くに触れ合うこと。そしてその触れ合いを継続させることです。若い内に誰かを介護したことがあるか，ないか。その経験が職業を選ぶ時に大きく影響します。大手ホテルに就職した女子学生は，在学中にゼミもバイトもできずにずっと自分の祖父母の介護をしていました。どのタイミングで食欲がなくなるかまでしっかり把握していたそうです。そこまで介護をしていながら，就活の時にそれが「強み」になるとは気づいていません。「留学経験がないからダメだ」と諦めていたところ，祖父母の介護の話が面接で話題になり，見事に突破しました。介護をした経験が強みになるとは露ほども思っていなかったのです。

　もう一つは，動画で仕事の内容を発信すること，介護に関して暴力沙汰のような悪いニュースの時だけ話題になる現状は異常です。

　若い世代と私たち中高年世代が，新しい共創関係をつくる。「ゆとり世代」の気質や能力をこの分野に生かし，未来有望な仕事と見られるよう努力していきたいものです。

（ひきたよしあき）

# 第Ⅲ部

すべての人に求められる
ホスピタリティマネジメント

<table>
<tr><td>第6章</td><td>施設完結型介護からの解放<br>――地域包括ケアに基づく多職種連携体制の<br>　構築</td></tr>
</table>

　人間は高齢になると，病気になる確率が高くなります。したがって，その人が介護施設に入所していた場合には医療のお世話になることが多くなります。在宅の場合も同様です。すなわち，医療と介護が密接に関わり合う場面が多くなっていきます。利用者の中には，生活する中で重篤な病気に罹患することも考えられます。

## 1　医療と介護の連携

　昨今，医療と介護の連携が，言われるようになりました。この点を，どのように考えたらよいのでしょうか。以下，述べていくことにします。

### （1）ケアの中のキュア

　介護という行為は，利用者の生活そのものを支援する仕事です。そこには利用者の人生があります。また，重視すべきことは利用者の生命であり，人間としての尊厳です。このことは同時に，介護者の方々にもいえることです。そして，介護はケア（Care）であり，ホスピタリティマネジメントの全体構造で言うと「ホスピタリティ価値」に当たります（図5-1参照）。一方，キュア（Cure）は医療で言うところの標準治療[1]のことで，「サービス価値」に当たります。したがって，キュアはケアの中に含まれているといえます。ここまでをまとめると，「ホスピタリティの中のサービス」（第1章4参照），「ケアの中のキュア」「生活の中の介護」，「介護の中の医療」（第3章4参照）という位置関係にあることがわかります（図3-3参照）。チーム活動を推進

表6-1　連携の要素——ホスピタリティ度が，「連携」を
決める

| ホスピタリティ度＼関係者 | 医　療 | 介　護 |
|---|---|---|
| 自 律 度 | ○ | △ |
| 交 流 度 | △ | ○ |
| 補 完 度 | ? | ? |

〔 連　携 〕

する際には患者・利用者中心で，医療は生活の中の一つであるという捉え方
が必要になります。

### （2）医師の傾向

　医師になるには，大学の医学部において正規の課程を修め卒業し，医師国家
試験に合格した後，さらに2年間の卒後臨床研修を受ける必要があります。そ
して，一人の医師として患者と向き合う存在となります。第1章で述べた「ホ
スピタリティ人財」の視点からすると，どのような傾向があるのでしょうか。
自己の領域は一人の専門職として各診療科における専門性を有しているという
強みがあります。すなわち，表6-1にあるように自律度は高いといえます。

　しかし，親交の領域については患者・利用者にナラティブ情報を話させる
働きかけは弱いといえるでしょう。また同時に，聴き出す力についても弱い
といえます。すなわち，交流度については低いのです。なぜか。「Cure（治
療）」に中心があり，自らの枠組みで患者・利用者を捉えようとしているか
らです。また，第3章で前述したように情報の非対称性とパターナリズム[2]
（Paternalism）が関係しています（飯田ほか 2005：48）。

### （3）介護者の傾向

　一方，介護者には利用者のナラティブ情報を聴き把握することに強みがあ

ります。交流度が相対的に高いといえます。ある施設長は，「利用者が入所する時にしっかりと聴くことにしています」というぐらいに，タイミングも関係しています。しかし，その一方で，介護者といってもいろいろな立場の人がいます。たとえば，介護職員初任者研修修了者（旧ヘルパー２級資格など）やアルバイトをしていて介護職員初任者研修修了者の資格で働いている人，介護職員初任者研修修了者がさらに講習を受けて得られる介護職員基礎研修修了者などです。さらには上級の介護福祉士（国家資格）もいて混在している状態です。中には，無資格で働きながら介護福祉士の受験資格を得ようとしている人（多くの採用情報を見ると介護職で無資格・未経験者も OK とあります）もいます。まさに立場・能力の面で様々なのです。したがって，自己の領域における専門性の面が，相対的に弱いといえます。すなわち，自律度が低いのです。

### （4）連携の目的と可能性

　連携する目的は，「病気の治癒」「病気の予防」「安心感の醸成」「QOL の向上」などです。医師と介護者それぞれの強みで補完し合う時に，文字通り「連携」が成り立ちます。補完とは一つの目的に対してお互いの強みで補い合うことで，より大きな成果を生み出すという意味があります。そうなれば，医療と介護の連携は名実ともに前へ進むことができます（表6-1）。そのためにも，介護福祉士を増やすことは介護の現場で働く人のクオリティを上げることにつながり，医師との間で信頼関係を築くことができるものです。すなわち，連携への近道は介護現場で働く人のスキル（能力と態度）をアップさせることに鍵があるということができます。

### （5）連携の背景理論

　当事者双方が，以下の3つの態度能力を向上させることで，さらに連携を強固なものにすることができます。1つ目は，自らの意思で思考し判断して

行動する「自律性」です。2つ目は　関係者と双方向でコミュニケーションし共感性を高める「交流性」です。3つ目は人間として対等であり相互の関係を取り結んで一緒に達成推進していく「補完性」です。これら3つの能力については第1章でも言及しました。したがって，連携の背景理論はホスピタリティマネジメント理論であるといえます。医療側と介護側の双方が3つの態度能力を向上させればさせるほど連携力はさらに強くなります。

## 2　多職種連携は円卓発想によるチーム活動で推進する

ホスピタリティ概念のルーツについては，「自律」「交流」「補完」といった3つの要素で説明することができます。この3つの要素を一つの形にすると，どのようになるでしょうか。

### （1）円卓発想による利用者中心の介護

筆者は，「円卓」になると考えています。そして，多職種連携する上で大切なことは円卓発想することですが，その英語名は，Round-table thinkingと表現します。よく「利用者中心の介護」と表現され，円卓の中央に利用者を配置している図を見かけることがあります。これだと，円卓に着いた人たちが QOL に関係する重要事項について利用者抜きで検討し，利用者不在で決定することが起こる危険性があります。そこで，図6-1にあるように利用者も他のメンバーと一緒に円卓に座り，円卓の中央には無機的な「目的」を位置づけました。何を目的にするのか。患者・利用者も円卓を形成する構成メンバーとして，率直にオープンに意見を言い合える仕組みを整えます。場合によっては，家族も参加するようにします（TKC 全国会医業・会計システム研究会 2019：5）。

また，目的に対しては誰もが心理的に等しい距離にあり，そこには上下関係を持ち込まないようにします。たとえば，介護の場合，本書が提案する

図 6-1 円卓発想による介護チーム

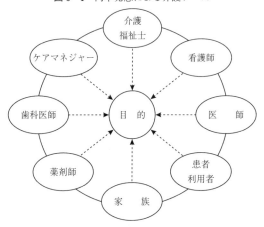

「高齢者の気持ちを受けとめ，まだできる能力に目を向けて，その人らしく生きることができるように，その人を丸ごと受けとめ応援する」といった目的が考えられます。また，「病気の予防」「利用者の安心感の醸成」ならびに「QOL の向上」などが挙げられます。

### （2）円卓発想の成立要件

円卓に着席するメンバーは，利用者とその家族，また医師をはじめとした Co-medical [3] といわれる多職種で編成します。円卓発想が成り立つための要件については，以下の 5 点です。実施する際には，よく検討してみて下さい。

① 率直にオープンに

ホスピタリティ概念の属性（吉原編著 2014：25）の一つである受容性を重視して，患者・利用者を含む多職種の参画者主体間において連携し合い，率直でオープンに双方向のコミュニケーション（Two-way communication）を行います。

② 自律性を重視したチーム発想

各人が，一人ひとりの自律性を重視したチーム発想による運営を行います。

誰が上位者で誰が下位者かという階層（Hierarchy）の発想から離れることは価値共創の過程においては大いに奨励すべきことです。

③　目的に対して対等な関係

円卓に着席し参画する主体は立場・役割が異なりますが，目的に対しては対等な関係でディスカッションします。メンバーの一人ひとりが目的に対して何らかの形で貢献し，自らの行動に対して納得感を感じることに価値を認めます。

④　責任の所在の明確化

チーム活動をスタートする前に，遂行責任（Responsibility）と説明責任（Accountability）の所在を明らかにしておくことが求められます。

⑤　計画的に推進

タイムスケジュールを明確に決めて，計画的に推進していきます。特にタイムキーピングすることとゴール・インするまでやりきることが，チーム活動上の価値とするところです。


## （3）権限の付与

チームが自律的に活動できるようになるためには，責任の概念ばかりではなく権限を付与することが不可欠です。権限付与とは，組織がマネジメントする上で有している権限を移すこと（Transfer）を意味しています。また，自己効力感（手応え感）を引き出すエンパワメント（Empowerment）についても意味しています。権限には8つありますが，命令権限は除いて「立案権限」「執行権限」「提案権限」「審議権限」「意思決定権限」「決裁権限」「承認権限」の権限を付与することが考えられます（吉原編著 2014：76-79）。また同時に，実際に機能するためには報告などの義務を課す必要があります。


## （4）コンフリクトの根本的な解決

チームとしてやりきる過程で，コンフリクト（Conflict）が生まれることは

**資料6-1** ある特別養護老人ホームの外観

出所：筆者撮影（2019年12月9日）。

容易に想像できます。それをメンバーと一緒に乗り越えてゴールすれば達成感が得られます。そして自己効力感が高まります。コンフリクトをどう解決したらよいのでしょうか。以下の⑤が根本的な解決法であり，ホスピタリティマネジメントの方向性とも一致しています（吉原 2016：57・64）。

①　一方がその立場を撤回して他方に応諾すること。
②　一方が他方をなだめすかして宥和すること。
③　お互いが折り合うところを見つけて妥協すること。
④　一方が他方に無理やり強制すること。
⑤　お互いに問題を直視して方途を探ること。

## 3　施設完結型から抜け出そう

　多くの施設を外から見ると，資料6-1のように高い壁に囲まれ，近寄りがたいと表現できるでしょう。安全面を重視していると考えられますが，こ

れからは，ますます外部との交流面などを工夫する必要があります。

### （1）高齢者の日常生活

　ここでは施設での介護を取り上げたいと思います。また，入所している利用者に焦点を当てます。たとえば，2019年9月に開設した特別養護老人ホーム「ときわぎ世田谷」施設長のメッセージは，以下の通りです。

　　「目指すは，スタッフが笑顔でイキイキ働ける施設。いくつになっても，無理なく元気に働いてほしい。これが，私たち常盤会の想いです。2019年9月にオープンした『ときわぎ世田谷』も，まさにこの想いを形にするために様々な準備を進めています。目指しているのは，働くスタッフの笑顔あふれる空間。スタッフが笑顔で働くことによって，施設全体の雰囲気も明るくなり，ご利用者も明るく元気に過ごせると考えています。『Happiness を感じてお仕事したい』『ご利用者にも同じように Happiness を感じてもらいたい』という想いを持って，オープニングスタッフとして盛り上げていってくださる仲間を求めています。スタッフのこともご利用者のことも考えたこれまでにない施設を一緒につくっていきませんか。」（社会福祉法人常盤会ホームページ）

　この施設長のメッセージにある「ご利用者も明るく元気に過ごせる」と「ご利用者にも同じように Happiness を感じてもらいたい」については，ホスピタリティマネジメントの目的と同じ方向性にあります。また，本書が掲げる「高齢者の気持ちを受けとめ，まだできる能力に目を向けて，その人らしく生きることができるように，その人を丸ごと受けとめ応援する」という目的とも軌を一にしています。では，現実はどうでしょうか。利用者は施設内での生活が主になっているといえるでしょう。また施設内での活動については，入所している利用者が行いたいことが行えているかどうかは疑問です。そこで，より

外の力（リソース）を活用する発想と行動に立ち返ることが，人間の本性に適っているといえます。なぜか。第5章で言及したように，人間の本質について理解し実現するマネジメントを行う方が介護者の仕事自体を効率的にするとともに，利用者の問題行動を減少させると考えられるからです。

### （2）事例──母の闘病から

　既にある程度の時間が経過していることもあり，筆者は母の闘病の軌跡を客観的に振り返ることができるようになりました。母の闘病に関する事例を通じて，筆者が経験し，見聞きしたことを書いてみたいと思います。

　①　脳梗塞で倒れる

　1994年，広島に住む母が脳梗塞で倒れ，救急車で近くの病院に運ばれたと，近くに住む妹から連絡が入りました。一刻の猶予もありません。しかし，病院は検査した結果，脳梗塞ではありませんと言い「自宅に帰ってもいいですよ」と判断したのでした。しかし，妹は執拗に再検査をお願いしました。その結果，当初の判断は覆り，脳梗塞であると診断されたのでした。この時間ロスのため，母は意識不明となりその状態が長く続きました。また，認知症を併発しました。母が倒れる前に2回ほど「家の前で転倒してわき腹を強く打って痛い」と電話がありましたが，筆者は脳梗塞の前触れだったことに気づかず，知識がなかったことを悔やみました。

　②　別の病院で再検査する

　病院側に不信感を持った妹は，地域の脳神経分野では定評のある病院で再検査すべく，母を車で搬送しました。この病院で検査した結果，改めて脳梗塞であるとの診断でした。母が検査入院をした日に，筆者は金沢で仕事をしていました。仕事を終えて広島へ帰り，夜遅く母を見舞いました。その時，まだ意識はありませんでした。この先，一体どうなるんだろうかと不安な気持ちになりました。

③　母が不満を爆発させる

それから間もなく，母は元の病院に戻りました。次第に意識が戻り，会話ができるまでになっていました。筆者は 1 カ月に 1 度のペースで帰りました。すると，筆者の帰りをベッドで待っている母がいました。ベッドから起き上がり，毎日毎日，筆者を待っていたと看護師さんから聞きました。母が良くなるためにも，筆者が帰らなければとの思いがありました。

当時の広島では，病院に寝泊まりし患者のお世話をする家政婦さんという方がいました。筆者は毎月，母の世話をしてくれている家政婦さんにお土産を買って帰りました。母に良くしてもらいたいという一心からでした。ある日，孫 2 人を連れて家族全員でお見舞いに行った時のことでした。母がいきなり大きな声で訴えるのです。管理統制された生活自体に耐えきれないのと，家政婦さんへの不満を爆発させた瞬間でした。また，家に帰りたいという思いを，大きな声で筆者に訴えていました。忍耐力のある母でしたが，余程のことだったと思います。一気に不満を吐き出したのでした。

④　奇跡が起きる

筆者は帰る度に母を連れ出し，歩く練習をしました。「いち，にい，さん」「いち，にい，さん」と声をかけながら，母の手を引いて歩く練習をしました。筆者がいない時は，ベッドの上で足を動かしていたそうです。ある日，歩く練習をした時のことでした。筆者の感触で手を離しても母は一人で歩けるのではないかと感じ，そぉーっと手を離したところ，一人で歩く姿を目の当たりにしました。思いもしなかった奇跡が起こりました。足がもつれることもなく，結構歩くことができました。その瞬間，筆者自身，驚きとともに感動したことを昨日のことのように覚えています。母もたいへん喜んでいました。がんばりやの母が，筆者に何かを言っているようでした。

⑤　転機を迎える

時あたかも，在院日数短縮化政策が始まりました。看護婦長さん（当時の呼称。以下，同様）には以前から，「このままお世話になります」とお話をし

ていました。そして、ご了解を得ていました。しかし、ある時、看護婦長さんに呼び止められ、「このまま、いていただくことが難しくなりました」と告げられました。その時の看護婦長さんのお顔は今でもはっきりと思い出します。とても困った表情だったと記憶しています。筆者は来る時が来たと思い、観念しました。母は歩けるようになったものの、認知症が進行していました。どこか居場所を探さなければ。妹も働いているし、筆者も働いています。さて、これからどうしたらよいか、途方に暮れていました。

⑥　老人保健施設を見つける

　大阪に住む姉も参加して、母にとって最良の施設を探すことになりました。ある老人保健施設を訪問した時に、施設長の方にお会いし説明を聞きました。良い事ばかり言っていると思いましたが、藁をもすがる思いでお世話になることを決めました。玄関から入ると、認知症に罹り歩き回る人もいて、落ち着かない所でした。部屋に入るドアには「動物の絵」が書かれていました。また、母は異性による排せつケアを嫌がっていました。母は、筆者に怒っているようで、機嫌の悪いことも度々でした。「なぜ、こんな所に私を入れたんだ」と攻めているようでした。「また来るからね」と言うと、「もう来なくていい」とはねつけるように言いました。別れる時に、ドア越しに見た母の姿が忘れられません。母はずっと泣いていました。筆者はどうすることもできず、自分自身の不甲斐なさに新幹線の中で泣いていました。

⑦　姉が引き取る

　見かねた姉が、引き取ることになりました。その後、夜になると壁をどんどん叩くなど、困ったようです。近くに家を借りることになり、そこでケアすることにしたと姉から連絡がありました。相当の覚悟で決めたことがわかります。筆者も仕事で行った時には立ち寄り、昭和に流行った歌をラジカセで聞かせたりしました。ある時、岡山の最上稲荷に参詣することになり、新幹線で母を連れていきました。車いすであったため、どこかしこもバリアフリーが遅れていることを痛切に実感しました。その日は、母と岡山駅の近く

にあるホテルで1泊しました。1泊2日の旅でしたが，筆者自身，疲れ果て
ました。新大阪から姉の家に向かう際にタクシーで移動しましたが，道路は
渋滞していました。

### ⑧　元の老健に戻る

　姉も疲れ果て，元の老健に戻ることになりました。再度，お願いしたので
す。ある日，母とタクシーで外出しました。老健がある三原駅に近いホテル
に母と泊まりました。三原港に近い食堂で食事をし，駅前のショッピングセ
ンターでパンを買いました。その時，周囲の人に「息子です」と言って目を
キラキラさせていたことが印象に残りました。母は安心したのか，その日の
夜には凄い量の大便をしたのでした。

### ⑨　股関節を骨折する

　ある日，ベッドから落ちたとの連絡が入りました。股関節のあたりが痛い
と言うので，レントゲン検査をしたところ，股関節を骨折していることが明
らかになりました。このままにしておくのがよいのか，それとも手術をして
リハビリをした方がよいのか，随分，姉や妹と話し合いました。最後まで悩
みました。

### ⑩　身体拘束の日々が続く

　入院した病院（老健の協力医療機関）では，動かないように薬を打たれてい
るようでした。母の名前を呼んでも返事が無く，この異様な状態に対して何
もできない自分自身が情けなく，涙があふれてきて止まりませんでした。母
は徐々に弱っていきました。まもなく股関節置換手術をしました。翌日マ
レーシア行きが決まっていた筆者は新幹線で病院に直行し，母を見舞いまし
た。痰や唾液を何度も吸引しなくてはならない状態になっていました。身体
にはいくつもの管が入り，また荒い息づかいでとても苦しそうでした。後ろ
髪をひかれる思いで母と別れました。

### ⑪　4年間の闘病後に逝去する

　マレーシア入りして2日目に訃報が入りました。病名は敗血症でした。企

業の方はすぐに帰った方がよいと勧めて下さったのですが，どうすれば母が喜んでくれるか考えた結果，3日間の仕事を終えて帰ろうと決めました。帰りはペナンからシンガポール経由で福岡入りし，新幹線で帰りました。新幹線の中では涙が止まりませんでした。お葬式を済ませ火葬場に行きました。火葬してわかったことですが，人工関節は鉄製で相当な重量がありました。これでは，リハビリに耐えられなかっただろうと思いました。筆者たちは手術を決断したことを後悔しました。

### （3）あらゆることに蓋をする介護からの脱出——母の事例から何がいえるか

　本事例から，今後の介護を語る上で，一つの方向性を打ち出すことができると考えています。また，本事例から得られた知見を整理すると，以下の5点にまとめられます。

　① 開放系の考え方

　母の闘病中には，世の中全体が閉じていると，筆者たちは感じていたと思います。社会的にも心理的にも孤立していたと思います。これからは自らに降りかかっている困り事やまた我慢を強いられている事を周りの人たちに伝え，困っている事や我慢せざるを得ない事などの問題解決を図っていくという考え方が有効であると思います。この考え方については「開放系」と言い，外に開いた考え方のことです（吉原 1998）。これは，ホスピタリティマネジメントが目指す方向性とも一致しています。ホスピタリティの考え方では，知識においても経験においても限界の多い人間が，一人だけでは問題解決が難しいと考えているからです。問題解決の可能性を高めるためには，より多くのネットワークをつくり，たとえば，複数人からなる介護チームが一緒に取り組むことで，相乗効果を期待できるのです。

　② 交流し合い学び合う時代

　2020年は，介護保険制度が発足して21年目の年に当たります。母が闘病した1994〜1998年は，認知症はまだ痴呆症と表現されていました（ちなみに，

認知症と表現されるようになったのは，母が亡くなってから6年後の2004年からでした）。また，病気の高齢者が車いすで移動する姿も珍しかった頃で，好奇の眼で見られました。

　今は，これらの点が大いに異なります。同じ境遇にある人同士が交流し合い，学び合う時代がやってきました。1990年代には本人・家族を含めて，高齢社会になればどのようなことを想定しなければならないのか，事前に準備する心構えが無かった時代です。筆者の場合は，母が倒れるまではまったくと言ってもよいほど，準備らしいことはしていませんでした。病気のことや介護施設のことなど，基本となる重要な知識もありませんでした。

　③　不安感を安心感に変える介護へ

　病気に罹り要介護者になった時，人はその状況を素直には受け入れることができないと思います。その上，介護施設に入所することになれば，なおさらのことであると思います。それは，元気だった頃の自分と比較するからです。一層，不安を感じざるを得ない心理状態かと想像します。不安感を安心感に変えるためには，どうしたらよいのでしょうか。そのためには，病気になる前の元気な状態を一つの基準にして，「生命」「生活」「人生」の質（QOL）を高めていくという目標に対して，介護者と利用者が双方向で関わり合い合意することが必要です。そのことで，人間は安心するのです。これからはますます，安心感の醸成がマネジメント上の課題になってくると思います。

　④　一歩前へ踏み出す勇気

　介護施設に入所する本人と家族の関係性については，実にいろいろなケースが考えられます。母の場合，「脳梗塞で認知症を併発する」→「一人暮らしができなくなる」→「家族は誰もが働き盛りで，ライフステージ上，一緒に住む決断ができない」→「介護施設での生活を選択せざるを得ない」といった関係性がありました。さて，ここでどうするか。

　筆者の場合，一歩前へ踏み出して，同じ境遇の人と出会い問題解決へ向け

て話し合いを続けることが，力になると振り返ることができます。これまで経験してこなかったことに向き合うのは，相当なエネルギーを必要とします。当時はまだ，そのようなムードがなかった時代でした。今は，外に開いて他の人と連携し，一緒に解決していける時代です。

⑤　ホスピタリティコミュニティ<sup>(4)</sup>の活用

　筆者は，2017年7月14日にホスピタリティコミュニティを立ち上げました。現在までに第6回を終えることができました。今後とも続けていく予定です。介護は正解の無いテーマです。そして，私たちの手で解決していかなければならないテーマの一つです。このテーマについて，ホスピタリティコミュニティという場を活用する手があります。介護者，介護施設の利用者，自宅で介護している人，また家族，医師，歯科医師，看護師，ケアマネジャー，管理栄養士といった立場が異なる人たちが集まって，円卓発想で話し合う場をつくることで，解決の糸口を見つけることができます。

　認知症の人への対応，失禁に関すること，薬の管理，栄養面の管理，口腔ケアのこと，身体拘束の問題，バリアフリーに関する問題などについて話をし，お互いに聴き合い，情報交換して意見交換することが，どんなに参考になることか。ホスピタリティコミュニティに限らず，対話（Dialoge）の場づくりをすることは，母が闘病していた時とは比べものにならないくらい可能な世の中になっています。ホスピタリティ概念が意味するところの支え支えられる関係づくりと場づくりは，無限大の力になると思います。

## 4　地域包括ケアはボランティアが頼り

### （1）ボランティアの意味

　日本においては，ボランティア＝無料と訳すようです。本当にそうでしょうか。ボランティアという言葉は，もともと自発性という意味を有しています。筆者自身，「ボランティアで講演をお願いします」と依頼されることが

あります。その時にはたいてい無料という意味が含まれています。そうであれば，自発的に行うことにはならず，義務的に行うという意味になってしまいます。ちなみに，ホスピタリティの実践については，図4-2で表したように「自発」から始まります。

### （2）ボランティアを続けるということ

ボランティアで何かをする人たちは，それにかかる費用を自ら負担して参加します。参加する動機は，そこで得られる価値が自ら負担するコストよりも大きいからだといえるでしょう。この場合のコストとは，自己負担するお金，時間的な負担，心理的なエネルギー（精神的な負担）などを指します。そこには限りがあり，当然のことながら続けていけるかどうかの判断が伴います。時に費やすコストが自発性という態度や得られる価値を上回ることも出てきます。このケースが続いていくとしたら，どうでしょうか。このことを，ボランティアに頼る方々にぜひ考えてほしいのです。前述した価値の実態は，精神的な報酬が主になります。ボランティアを行う人たちにも，それぞれの生活があることを忘れてはならないと思います。

### （3）ボランティアの組織化

ボランティアを無理なく継続していくためには適正なお金が必要で，そこの所を考えたいのです。その場合，適正なお金はサービス価値であり，ボランティアを行うことで得られる価値がホスピタリティ価値だと捉えることができます。その金額が市場価格を下回るものであったとしても，ボランティアが自発的に活動し，ホスピタリティ価値を共創できるようになればよいのです。それはボランティアが経済的な動機に基づいた経済的な活動ではないからです。このような考えで運営されるボランティア組織が認められるようになると，ボランティア活動は今よりも好転することでしょう。すなわち，地域包括ケアに一つの道筋をつけることになります（結城 2019：124-127）。

# 5　賢明な利用者論

　これまでマスメディアや書籍等での論調は，施設でケアする人，在宅でケアする人からのものであったと振り返ることができます。ここでは連携のメンバーでもある利用者に焦点を当てて，利用者目線で「賢明な利用者」になるにはどうすればよいのか整理してみました。本人だけでなく，家族を含め介護する人みんなで活用してみて下さい。

　①　身体的な変化に関する情報を集める

　介護に絶対はないと考えましょう。すなわち，間違うこともあると考える方が寄り添い合う力は出てくるでしょう。利用者は「自らをお任せします」ではなく，ほんの少しだけ自らの身体的な変化に関する情報を集めメモしておくとよいでしょう。

　②　不明な点や不安がある場合には質問する

　介護施設で働く人が行うケアについて不明な点や不安がある場合には，自ら質問をすることを習慣にするとよいでしょう。自分の気持ちを，その時々で捉え発言するようにしましょう。持病等がある場合には，症状等を伝えるようにしましょう。痛みの程度なども簡単にメモしておくとよいでしょう。

　③　介護・医療従事者と仲良くなる

　介護・医療従事者とのコミュニケーションを良くすることが一番です。ある意味，仲良くなりましょう。自らが感じたことなどを，率直に尋ねることができる介護・医療従事者を増やすとよいでしょう。また，気兼ねなく話せる仲間を作りましょう。

　④　QOL を高めるようにする

　第3章では，QOL について解説しました。Life には「生命・人生・生活」という意味があり，まずは生活のリズムをつくることが大切です。生

命・人生・生活の質を高めることを目標にしましょう。そして，これから生きていく上で，特にしたいことなどを伝えるようにしましょう。さらには，生命が喜ぶ生き方とは具体的にどうすることなのかについても考えながら実践してみましょう。

⑤　自らができることは行う

自律のスピリットから，自分のことは自分で行うことを基本にしましょう。なるべく手がかからない利用者になりましょう。できていたことが体調等の理由でできない時には，助けを求めるようにしましょう。

⑥　迷惑行為を行わない利用者になる

介護者へのハラスメント行為については，人間価値の観点から留意するようにしましょう（家族等にも入所時に留意事項として話しておくことは，歯止めをかけておく意味で有効です）。

⑦　レスポンスする

入所している施設からの求めや行事には，可能な限り応えるようにしましょう。交流することで，自分自身を理解してもらう機会にしましょう。そして，多くの人たちと良好な関係を築いていきましょう。

⑧　医師からの指示は遵守する

担当医師からの指示内容を遵守することはもちろんですが，疑念がある場合には日頃からメモをして尋ねるようにしましょう。

⑨　複数の薬を服用する際には注意する

加齢に伴って，薬の種類や量が増える場合があります。多くの薬を服用することによって，認知症，嚥下障害，転倒などの危険性が高くなるので気をつけましょう。

⑩　介護現場で働く人をよく観察する

よく話を聴いてくれる人，丁寧に接してくれる人なのかどうか，自ら働きかけて相性等をよく見極めるようにしましょう。

## 注

⑴　TKC 全国会医業・会計システム研究会（2019：3）参照。医療の標準化と表現しています。医療技術水準や安全管理水準に基づいて，エビデンスに裏づけられた治療を効率的に安定的に継続的に，また安全に提供します。

⑵　情報の非対象性に起因する父権主義とも表現されています。「豊かな知識をもつ父親（医師・医療関係者）が，子ども（患者）に関する様々な意思決定を，本人に代わり実行したほうがよいという考え方」です。

⑶　吉原（1998：213・219）参照。医師の補助をするという意味での Para-medical に対して，Co-medical は対等・補完という意味で使用されています。目指す方向はホスピタリティ概念と同じであるといえます。

⑷　ビジネスクリエーター研究学会の中の研究部会として，2017年 5 月に立ち上げたホスピタリティマネジメント研究会があり，その分科会として位置づけています。

## 参考文献

飯田修平・飯塚悦功・棟近雅彦監修（2005）『医療の質用語事典』日本規格協会。

結城康博（2019）『在宅介護──「自分で選ぶ」視点から』岩波書店。

吉原敬典（1998）『「開放系」のマネジメント革新──相互成長を実現する思考法』同文舘出版。

吉原敬典編著（2014）『ホスピタリティマネジメント──活私利他の理論と事例研究』白桃書房。

吉原敬典（2016）『医療経営におけるホスピタリティ価値──経営学の視点で医師と患者の関係を問い直す』白桃書房。

TKC 全国会医業・会計システム研究会（2019）吉原敬典「巻頭インタビュー　患者とともに医療をつくる『ホスピタリティ価値』の重要性」『TKC 医療経営情報』8 月号，TKC 出版。

社会福祉法人常盤会ホームページ（https://www.tokiwagisetagaya.tokyo/，2019年12月30日アクセス）。

（吉原敬典）

## コラム6　ホスピタリティマネジメントが新しいコミュニティを創る

　広告コピーとは何か。これを教える時に模範となる問題があります。

　「目の前の人にみかんを勧めるコピーを書きなさい」

　多くの人は，「冷たいみかん，食べない？」「愛媛から今日送ってきたみかんはいかが？」「もぎたてのみかんだよ。太陽のようなオレンジだよ」と。みかんを如何においしく伝えるかに腐心します。しかし，どんなに飾り立てたところで，相手がみかんを食べたくないと思っていたなら，決して口にはしてくれません。みかんではなく，この相手の心に寄り添った対案が必要となるのです。

　「風邪ひかないように，ビタミンＣとらない？」

　みかんから一度離れて，相手の心を読んでいく。風邪引きからは逃れたいという心理があるのは想像に難くありません。それを「ビタミンＣ」といういかにも効能効果のあるような言葉を交えて，「とらない？」と勧める。無駄な言葉で飾ることはしない。こうして相手の心に寄り添って，相手視線で考えていく。これがコピーを書く基本なのです。

　「ホスピタリティマネジメント」も似ています。「みかんを売って儲けよう」ではなく「あなたが風邪をひかないで元気に暮らす」という共通の目標のために「みかんを勧める」という健康の共創をつくっていく。「利害関係者（Stakeholder）である他者との信頼関係を構築し組織の永続的な存続可能性を高めるために，自己利益の最大化を図るのではなく，他者の利益を重視し，他者を受け容れ，他者が評価する価値を共創して他者との共存可能性を高める活動の遂行を求めている」（序章7）という姿勢が大切になるのです。

　もちろん，広告ですから最終的にはモノが売れることが目標です。しかし「買ってほしい」という気持ちだけで商品は売れるものではないのです。

　1990年代のはじめから，私たちは競争主義，弱肉強食，成果主義，自己責任といった市場原理のキーワードを，教育にも医療，介護の分野にも広げてきてしまいました。本来，経済とは別のステージにあったものさえも「サービス産業」として括ってきたのです。子どもは消費者として育ち，その態度は市場を値切る経済人のようだと批判する人もいます。子ども教育に携わる私から見ると，決して子どものせいではなく，親や先生が「損得勘定」をモノサシに動く「経済人」になっていることに原因があるように思われます。

　2020年の教育改革，団塊の世代が後期高齢者となる2025年問題等，教育や医療・介護を取り巻く環境は，大きな変革の時を迎えています。このまま「サービス産業の枠組みから脱皮できなければ，システムが破綻するのは目に見えています。こうした状

況を打破する理論が「ホスピタリティマネジメント」だと，私は考えています。活私利他のスピリットの遂行だと確信しています。

　難しいことではありません。新しい芽が，もうあちこちに出てきています。

　私の Facebook の「友だち」は現在約4,500人。同世代，大学生，若いビジネスマン，子育て中の保護者など様々な方が参加してくれています。地域も全国に広がっています。Facebook での投稿から，あちこちで「集まり」が始まる。一緒に旅行したり食事をする仲間ができる。それを投稿すると，別の地域の「友だち」が集まってくる。そんなことを6年繰り返しているうちに，九州，関西，名古屋，東京に，様々な集団が生まれました。

　ただの井戸端会議のようですが，ここで形成されはじめているのは「コミュニティ」です。立教大学で開催されている「ホスピタリティマネジメント研究会」「ホスピタリティコミュニティ」にも毎月全国から人が集まり，ユニークな「コミュニティ」を形成しています。

　私の所ばかりではありません。SNS の普及によって，これまでは地域，学校，会社単位でしか形成できなかった仲間が，自在につながっています。若い世代では，一つの企業に入らずに様々な仕事を有機的につないでいく「パラレルキャリア」が増えている。アメーバのようにコミュニティが結びついて，人々の生きがいややりがいをつくっています。

　こうしたコミュニティ運営に必要なものこそが，「活私利他」のスピリット，「他者が評価する価値を共創して他者との共存可能性を高めていく」姿勢と行動ではないでしょうか。料理やサービスを金銭で等価交換することもない。老人ホームで孤独に苛まれることもない。一人がみんなのために持ち寄ってくる食材や話題で，食べ，笑い，語り合う。

　私は，こうしたコミュニティが増えている今の社会でこそ「ホスピタリティマネジメント」は生きてくると信じています。家族制度が崩壊し，終身雇用の会社もなくなった。地域コミュニティの創生はままならず，独居老人の数ばかりが増えている。悪い事実だけ集めれば，確かに未来は見えません。従来の「サービス概念」だけで回せば，子どもたちに代替わりしたとたん日本は沈没してしまいます。「サービス」を基本としつつも，新しいコミュニティの中で，「風邪ひかないように，ビタミンCとらない？」と相手を思う言葉が行き交う。そんな未来は，決して夢ではないはずです。

（ひきたよしあき）

| 第7章 | 利用者・職員共に求められる活私利他 |
|---|---|

　介護は，「私たちが生きていく上での本質とは何か」を問い続けていく行為であると捉えることができます。そのような意味で介護は人間の尊厳にかかわる行為であるといえます。また介護するということで，私たちの精神性が問われているのだと思います。そして，本書で取り上げた「活私利他」は職員・利用者ともに求められている道標です。

## 1　活私利他とは何か

ホスピタリティは，以下のように表現することができます。

　　「自らの能力を発揮して，目の前にいる人が喜び，幸せになるようにすること。そうすると，思いがけず幸せのギフト（Gift）が届けられる」と捉えることができます。

　いわゆる利用者と職員が，共に Happy・Happy の関係になることを意味しているのです。「思いがけず」ですから，いつの時点なのかについては特定することができないことも特徴の一つです。ホスピタリティは無償性であるとされる所以です。
　また，ホスピタリティについては「活私利他」と表現することができます。「（ホスト）自らの能力を発揮する」が活私であり，「目の前にいる人（ゲスト）が喜び幸せになる（利する）ようにすること」が利他です。活私利他の状態へ具体的に進めていくためには，マネジメントすることが必要です。目的を

明らかにして，そのために何をどのようにするのかが問われているのです。マネジメントには，「どうにかする」という意味があります。マネジメントする主役は私たち人間をおいて他にありません。

## 2　活私利他を実践する尾道方式

　活私利他は，個人でも組織においても実践可能です。ここで活私利他を実践している事例を紹介します。本節では，地域包括ケアを言葉のレベルから実践の段階へ高めた尾道方式について述べたいと思います。尾道方式とは，1970年代に入って，退院後に褥瘡ができ，寝たきりになって再入院する事例が出てきたことから，退院後の生活が重要との認識からスタートした連携方式です。特に，開業医との連携のあり方や，退院後の生活のあり方について問うた先駆けとして紹介するものです。尾道方式のポイントは，以下の5点です。[注1]

　①　ケアカンファレンスが連携の要
　尾道方式は，地域包括ケアのお手本とされています。その中心に位置づけられているのが，ケアカンファレンスと呼ばれる会議です。筆者は，第6章で前述した「円卓発想によるチーム活動」だと直感しました。退院前カンファレンスは，病院主治医，在宅主治医である開業医，歯科医，ケアマネジャー，訪問看護師，薬剤師，民生委員，社会福祉協議会のメンバーばかりではなく，患者本人とその家族までが集まって話し合います。原則15分間のケア会議で役割分担を確認することと，事前に資料を準備することで継続的な活動にすることができています。
　②　ケアマネジメントセンターの立ち上げ
　尾道では，ケアマネジャーが中心的な役割を果たしています。多職種で連携するには第6章2で述べたように自律的に活動することが不可欠です。そ

のために，医師会がケアマネジメントセンターを立ち上げ，いろいろな立場・役割の人たちによるケアカンファレンスに関する実務研修を行うようにしているのです。

③　開業医のチーム化

開業医が何でも一人で対応するのではなく，複数の開業医がチームをつくって一緒に診察することを大切にしています。たとえば，外科，泌尿器科，歯科，眼科など複数の開業医がチームをつくり，町医者の総合病院のようになっています。ケアカンファレンスによって情報共有しながら取り組んでいるので，いざという時に対応可能な状態になっている点が強みになっています。

④　看護小規模多機能型居宅介護（看多機）の拠点化

尾道では，サービス価値を提供する介護施設に看護師が常にいて，要介護者に対して介護施設と自宅で，介護と医療の両面から適切な対応が受けられる仕組みを整えています。この「看多機」を地域医療と介護の連携拠点と定めています。すなわち，多職種連携の拠点になっているのです。また，地域包括ケアシステムの拠点と位置づけられています。いわば，看護師が医療と介護をつないでいるのです。

⑤　切れ目のない長期継続ケアの実現

これからの病院の方向性として，院内完結型から地域一体型への転換が打ち出されました。また，自宅以外でも医療と介護が連携する場を増やすことについても示されました。患者・利用者にとっては安心できる姿であるといえます。尾道方式の最大の特徴は病院の主治医と開業医の主治医がつながり，ケアマネジャーと看護師が介護と医療をつなぎ，多職種が情報共有しながら切れ目のない長期継続ケアを実現していることです。

# 3　活私利他への鍵

　では，その活私利他を安定的に実践していけるようになるためには，どのような条件を整えていく必要があるのでしょうか。本書が問うてきたことは，以下の4点に要約することができるでしょう。

## （1）経営管理者が使用する言葉

　第1は，経営管理者が使用する言葉にポイントがありました。すなわち，「おもてなし」「サービス」「ホスピタリティ」を俊別して使用しているかどうかに，働く人が混乱することなく行動に移すことができるかどうかの鍵があります。

　「おもてなし」については多分に介護職員による押しつけが見受けられました。介護職員主導であることから一方向的に働きかける傾向があります。一方向的な理解の下，自分たちの都合を優先させる傾向があります。また，「サービス」についてはどうでしょうか。利用者に「仕える」という立場から，クレーム（Claim）やコンプレイン（Complain）が出ないように働く傾向がありました。介護は，介護職員による一方向的な理解に基づいて提供され，その提供に対して対価が支払われるという経済的な活動になっています。そして，クレーマー（Clamor）の出現や長時間労働に陥りやすい土壌が築かれていきます。まさに，これからの課題であり留意しなければならないことです。

　さて，「ホスピタリティ」はどうだったでしょうか。その概念ルーツから，「自律」「交流」「補完」という意味が導き出されました。まさに私たち人間が生活する上で，どれも本質的なキーワードであるといえる内容を備えています。介護職員と利用者が，結果的には双方向で個別的に関わり合うことが大切です。ホスピタリティが意味するところは，私たち人間の活動に欠かせない本質といえるもので，信頼関係を取り結ぶことに目的があります。

## （2）ホスピタリティ醸成のための構成要素

　第2に，ホスピタリティを醸成し向上させるということは，何に手を打ちマネジメントする必要があるのかを明らかにすることです。活私利他を具体的に行動に移す対象はどこなのか。以下の3つの価値に着目する必要があります。この3つの価値に着目し手を打つことで，組織内にホスピタリティを醸成することができます。

　1つ目は経営の土台としての「人間価値」でした。まずは，いつも職員と利用者が礼儀正しく交流し合うことが大切です。

　2つ目は，何を行う場合にも資金が必要になります。それは，一旦始めたからには続けていかなくてはならないからです。そのためには，組織として継続していくための適正な利益を確保する必要があります。ここのところは経営の基本としての「サービス価値」と位置づけました。何かを始めたら，当初は非効率的であったとしても，効率的に行えるようにしなければなりません。そうすれば無駄が発生する頻度を抑えることができます。ゲストの期待は多様化していますが，スタンダードな期待として，「より早く（速く）」「より安く」「より多く」「簡単に」「便利に」「正確に」「確実に」「明瞭に」「清潔に」「安全に」を定めました。まずは，これらのスタンダードな期待に応えることが利用者の満足を高めることにつながります。

## （3）「ホスピタリティ価値」の共創

　第3は，これからの介護経営で大切なことは何か。ホスピタリティマネジメントの重点としての「ホスピタリティ価値」を共創することです。他の施設にはない特徴づくりをして，利用者が喜び幸福感を実感できる経営にすることで，これからの高齢者の急増にも立ち向かうことができます。なぜならば，介護施設で働く人たちが，そのことを励みとし創意工夫することができるからです。表7-1は，「人間価値　サービス価値　ホスピタリティ価値」の相互関係をわかりやすくするために，3つの価値の違いを12項目にわたっ

表7-1　ホスピタリティを醸成するための構成要素

| 項目／経営のステージ | ゲストの期待 | 価値 | 特性 | 内　容 | 特徴1 | 特徴2 | 目的 | マネジメントの種類 | 課題目標の種類 | 活動成果 | 心理的結末 | 手段・方法 | SCSE*（TDR） |
|---|---|---|---|---|---|---|---|---|---|---|---|---|---|
| 重　点 | 期待を超える | ホスピタリティ価値 | 創造性 | ・えっ！そこまでやるの！・想像できない・こんなことができるなんて／いのにね／あんなことが／困っていることがあるとが困らなくなる／我慢していることが／我慢しなくて済む | 双方向的　補完的　個別的　配慮的　目的：信頼 | 特徴づくり（ユニーク）　可能性　安心・やすらぎ　人間生活 | 関係者の相互成長　相互繁栄　相互幸福（三方よし） | 可能性の開発　機会への挑戦 | 事業の再構築　現状変革 | 潤い、安らぎ、癒し、憩い、豊かさ、味わい、温もり、優しさ、和み、深み、高みの場づくり | 喜び、歓喜、感動、感謝、驚嘆、感銘、魅了、感涙、感動、共感、衝撃（一時的効果→永続的効果） | 心を働かせる　頭脳労働　創造的活動の中で得られる　ひらめき　直観　アイデア　共感 | Show（ショー） |
| 基　本 | 期待に応える | サービス価値 | 効率性・安全性 | ・より早く（速く）、より安く、より多く、より簡単に、便利に、正確に、確実に、明瞭に、清潔に、安全に安心・な期待 | 一方向的　マニュアル的　集団的　義務的　形式的　機械的　目的：対価 | 模倣的　排他的　価格競争　無価値性　安全性　経済生活 | 組織が存続可能な利益を確保する | 業務の有効化 | 現状改善 | 不足、必要　不便、不満　不利、不透明　不平・不満　など欠乏　動機への対応 | 満足、充足（一時的効果） | 業務機能の標準化　マニュアル化　システム化　IT化　ロボット化　機械化 | Efficiency（効率）Safety（安全） |
| 土　台 |  | 人間価値 | 人間性 | ・礼儀正しく、あたたかく明るい挨拶／丁寧な言葉遣い／ルール・約束事の遵守、ポリシー、志など | 存在的　生存的　共存的　目的：尊重 | 成育的　個性開花　存続性　生命・生活・人生 | 関係者の中で自己を成長させる | セルフ・マネジメント | 自己成長 | 人間としての特性・本質の表現 | 相互成長感　分かち合うことによる一体感　充実感 | キャリアデザイン　キャリアアップ　カウンセリング | Courtesy（礼儀正しさ） |

＊上記したSCSEは、東京ディズニーリゾート（TDR）で働くキャストの行動基準（The Four Keys～4つの鍵～）である。

て明らかにしたものです。また，東京ディズニーリゾート（TDR）の運営理念である「SCSE」は参照情報として掲載しました（株式会社オリエンタルランドホームページ）。第2章の表2-3と合わせ，行動のガイドラインとしてご活用下さい。これらによって，各概念の混同を避けることができ，正しい理解の下でホスピタリティを実践することができるようになります。また職員の採用管理の基準だけではなく，教育・指導の基準としても役立ちます。

### （4）ホスピタリティマネジメント全体を俯瞰する眼

　第4は，ホスピタリティという言葉，またホスピタリティマネジメントの全体を俯瞰してみることだといえます。図5-1が，全体構造図です。「うちの得意は何か」「うちの特徴は何か」「うちの組織には何が足らないのか」など，紙に書き出してみることをお勧めします。一つひとつ積み重ねるようにマネジメントしていくことだといえます。その取り組みが実力になるのです。ワークショップ方式で行ってみることも一つの方法です。組織関係者がお互いに良くなるにはどうしたらよいのかについて組み立ててみることで，「活私利他」を実践することができるようになります。

　「組織・職場の目的」「人間価値の状態」「サービス価値の状態」「ホスピタリティ価値の状態」「経営の方向性」「重点課題・目標」「人的資源管理の状態」「物的資源管理の状態」などの相互関係はどうでしょうか。全体としてのバランスは取れていますか。全体の中で一つひとつの状態はどうでしょうか。個々の適合関係はどうでしょうか。これらを俯瞰してみる眼を大切にすることです。そして，多職種の複数人でディスカッションしながら共有するプロセスを大切にすることです。

# 4　介護という仕事

## （1）複数人で一緒に進めていく

　介護の本質は，人が人に接するということです。そのことを大事なこととして複数人で進めていく介護が，これからは必要です。なぜか。第1は，私たちのこれまでの経験が役に立たなくなっているからです。第2には，介護は正解のないテーマで，私たちの手で腑に落ちるように解決していかなければならないテーマだからです。第3は，介護対象の多くは高齢者ですが，現在，生活していて困っていることが多くあります。また，我慢していることもあります。「困っていることを困らないようにしてほしい」「我慢していることを我慢しなくて済むようにしてほしい」といった要望を共有することが，一人ひとりの問題を解決する一歩になるからです。第4は，利用者と介護する人が共に気づいていないことや言葉にならないことについては，お互いに感じ合いながら，探りながら，より良い介護を目指していく必要があります。介護は，言葉にならない潜在ニーズを明らかにしていく仕事であるといえます。

## （2）キャリア形成の方向性

　仕事と一口に言っても，「経済的な動機に基づく仕事」と「別の動機に基づく仕事」があります。この両者のどちらに軸足があるのか，よく見極めなければならないのです。前者がサービス価値，後者はホスピタリティ価値に当たります。介護という仕事は，そのすべてを含んでいます。表7-2にあるサービス価値は当たり前に行い，ホスピタリティ価値へ軸足をシフトすることが，これからの方向性であるといえます。今後は，ますます利用者がやりたいことを叶える介護に成長していかなければなりません。

表7-2　介護という仕事が目指す方向性

| | 経済的な動機に基づく仕事<br>サービス価値 | 別の動機に基づく仕事<br>ホスピタリティ価値 |
|---|---|---|
| 仕事の呼称 | • Mission<br>ある義務に基づく仕事のこと。<br><br>• Labor<br>使役の概念が含まれた労働の意。<br><br>• Business<br>営利を追求する仕事のこと。<br><br>• Job<br>賃仕事や職務のこと。<br><br>• Task<br>義務として負わされた仕事や課題という意味。 | • Occupation<br>それが何であれ一日の大半を占める活動のこと。<br>• Vocation<br>天職としての生きがいや価値観を見出した時の仕事という意味。<br>• Career<br>職業経歴・履歴のことで，生涯にわたって，Occupation や Vocation に変えるダイナミックな働き。<br>• Work<br>肉体や頭脳を働かせて仕事を行うこと。（仕事の対価としての収入を伴うか否かを問題にしない。） |

出所：松為ほか編（2001）を基に筆者再構成。

## （3）AI との共存

　このところの論調として，「AI が人間の仕事を奪う」といわれています。果たしてそうでしょうか。介護という仕事については，以下に挙げる3つの特徴があります。第1には，利用者の幸せを創造することからクリエーター（Creator）の側面があります。利用者が行うアクティビティの充実などの点で創意工夫する必要があります。第2に，利用者を楽しませると同時に介護に携わる人も楽しむといったエンターテイナー（Entertainer）の側面もあるでしょう。第3には，利用者がこれからの目標を見つけることができるように，寄り添うカウンセラー（Counselor）の側面も合わせ持っています。これらの特徴を有する介護という仕事は，決して AI に取って代わられる性格のものではありません。AI は，人間に代わって介護という仕事を遂行できるほど便利なものではないのです。したがって，人間と AI は代替関係にはないと断言することができます。そして，人間と AI は補完関係にあるといえ

ます。サービス価値のところで効率性を向上させるには，AI は便利です。人間が何人いようとも，AI に敵わないのです。また，アクティビティの創造などホスピタリティ価値のところでは，AI は人間が判断する際のバックアップデータを提供するという点で役に立ちます。また，AI は今後，私たちの介護予防のためのプログラムを個別的に立案してくれるようになるかもしれません。その点で，大いに期待できるパートナーだといえます。


**注**

(1)　がんサポートホームページ，Towa Communication Plaza ホームページ，田城ほか（2004）参照。また，尾道方式について理解を深めるため，病院や在宅介護の現場への同行など，浜中皮ふ科クリニック　浜中和子院長・理事長，土本ファミリークリニック　土本薫理事長・院長にはたいへんお世話になりました。厚く御礼申し上げます。

**参考文献**

株式会社オリエンタルランドホームページ（https://www.olc.co.jp/ja/tdr/profile.html，2020年 3 月17日アクセス）。

がんサポートホームページ（gansupport.jp/article/treatment/homecare/3854.html，2019年12月30日アクセス）。

地域包括ケア研究会（2013）「地域包括ケアシステムの構築における今後の検討のための論点」『持続可能な介護保険制度及び地域包括ケアシステムのあり方に関する調査研究事業報告書』三菱 UFJ リサーチ＆コンサルティング。

田城孝雄・片山壽・丸井英二・田中滋（2004）「地域医療連携『尾道方式』を『理想のモデル』から『標準モデル』へ」『医療と社会』14(1)，51-62頁。

松為信雄・菊池恵美子編（2001）『職業リハビリテーション入門――キャリア発達と社会参加への包括的支援体制』協同医書出版社。

Towa Communication Plaza ホームページ「広島発地域包括ケア最前線」（https://med.towayakuhin.co.jp/medical/pdf/tcp40_002.pdf，2019年12月30日アクセス）。

（吉原敬典）

## コラム7　多職種連携のコミュニケーション法

　広告業界は，その道の専門家であると同時に一介の生活者たることに重きを置いています。マーケッターは，市場動向を知ると同時に，スーパーマーケットで売られているレタスの値段をウォッチしていなければなりません。コピーライターは，ターゲット毎に必要な商品情報を書き分けられるのと同じように，電車で耳にする女子高生や会社の同僚の言葉に耳を傾けます。

　「生活者に寄り添う。自分も『生活者』の一人として暮らす」。この心構えがなければ，人の心を打つ広告コピーは生まれてきません。だから会議も独特です。コピーライターのプロがいる席で，子育てをしながら働く営業が自分の子育て経験をもとにコピーを書く。それをコピーライターが「いいねぇ」と承認する。こんな光景は日常茶飯事です。生活者であることが何よりも重要視され，専門技術はその土台の上に乗っているだけなのです。

　しかし，こうした職業であっても，人の専門性と抵触するところでは，いざこざもあります。デザイナーが「コピーが平凡」だと言うと，コピーライターが「絵の印象が強すぎて，文字が見えにくいからだ」と反論する。多職種が連携していく難しさは，いずこも同じでしょう。

　医療と介護。人の「命」に携わるこの世界には，一般の生活者の目には見えない専門性による線引きがあります。看護と介護では一つの「命」に対する専門的なアプローチ方法も範囲も違う。仕事が違えば，価値観も異なってくるはずです。

　患者の側は，自分の「命」に誰がどのように関わってくれるかについて知る術がありません。苦しくなれば，目の前の人に助けを求める。その人の専門性よりも仲の良さ，口の聞きやすさで人を選び，窮状を訴えてくる。老人ホームに入るにあたり，「高いお金を払ったのだから，いつもお医者さんがいるのだろう」と思って入ったら，非常勤医しかいなくてがっかりした。そんな話もよく聞きます。調べず入居する側にも問題がありますが，入居のパンフレットやHPなどを見ると，確かに「終の住処として安心」と謳っている。勘違いしても仕方ないのかもしれません。

　同じ「命」に携わることを多職種の人が連携して行う場合，注意点はどこにあるのでしょうか。コミュニケーションコンサルタントの立場から考えていきます。

　①　自己紹介をする

　それぞれの「職種」であるべきことは，連携する相手は知っています。しかし命や生活を扱う仕事にあっては，お互いの人間性をも知るべきでしょう。自分が何を志してこの仕事に就いたのか。どんな知識や経験をもち，どのような看護観，介護観，死生観をもっているのか。何を役割と心得ているのか。こうした自分の情報を折に触れ

て発信し，語り合うこと。ケアのためのチームは「職種」を組み合わせればいいというものではなく，「人間性」のケミストリーによって生まれるチームであるべきでしょう。

② 相手の話を聴く

ケアの対象者のみならず，それに関わる家族，チームメンバーの話を傾聴すること。しかし人は，自分が思っているほど人の話を聞いていません。多くは自分の価値フィルターを通して「この人はこういう人だ」と決めつけています。疲労していたり，人間関係が複雑になると，感情が先立ち，話が頭に入らないこともあります。

相手の意見をしっかり受けとめるようにするためには，相手に対して「興味がある」，もっと言えば「あなたのことが好き」という好意の感情をもって聴くことが効果的です。

③ 相手を傷つけないように発言する

多職種連携では，対立することがあります。違う職種の人間が，微妙に折り重なる仕事をし続けるのですから「ここは私の専門分野。あなたのやるべきところではない」と対立することもあるでしょう。それをすべてなくすことはできません。反対に，遠慮が思わぬトラブルを生むこともあります。

私は，相手に厳しい意見をぶつける時の「ポポネポの法則」を教えています。「ポ」は「ポジティブ」，「ネ」は「ネガティブ」のこと。ポジティブな意見を2つ言い，ネガティブな意見を1つ入れる。そして最後はポジティブな意見で締めくくるというものです。例えば管理栄養士は，生活習慣病に悩むビジネスマンに対し，以下のように伝えます。

　　ポ：この年齢で，これだけのお仕事をよくこなされていますね。
　　ポ：今日は顔色も悪くないようです。
　　ネ：しかし，糖尿病予備軍であることは間違いありません。
　　　　野菜から食べる，できるだけその日のうちに寝る，一駅歩く，などの簡単にできることから始めてください。
　　ポ：そうすればまだ，お仕事がんばれますよ。

これで，十分改善してほしい点が伝わる上に，相手のやる気を起こすこともできます。

様々な人が連携して仕事をする。この傾向は今後増えていくことでしょう。そこで必要となるのは，結局のところは人間力。人を受容する力を大きくするということに尽きます。

（ひきたよしあき）

# あとがき

　介護は人間の尊厳に関わる行為であり，人間の本質を言い表している仕事です。私たち人間が試されていると表現してもよいでしょう。これからますます高齢者が増えていく日本において，注目しなければならない分野の一つです。

　私たち人間一人ひとりが，「自律」「交流」「補完」の人生を生きていけることを願いつづけます。また同時に，介護を仕事とする人たちが，やりがいをもって，日々，活動できることを願っています。本書は，そのためのガイドであり，道しるべになるものです。

　介護という行為を経済性の観点からのみ捉えることは，私たち人間本来の姿を見えにくくする危険性があります。経済活動の前に，「人間活動としての介護」を取り戻す必要があります。当たり前のことが当たり前であると言えるようにしたいと考えています。また，これからの当たり前を伝えていきたいとも考えています。これこそが，本書で強調したいポイントです。

　私たちの理解や認識が行動を規定していることを考えますと，今から先を見て，一歩一歩，前へ進めて学んでいかなくてはなりません。そのような問題意識の下，4人のプロフェッショナルがあらん限りの力を尽くして執筆したのが本書です。どの章からお読みいただいても大丈夫です。また，読み方も自由です。どの章においても，何を言いたいのかの強調ポイントをくみ取っていただけるように書きましたので，各章のつながりをよりご理解いただけるかと思います。読者の皆さん，ご感想をぜひお寄せください。お待ちしております。

　本書を執筆するにあたって，まずはインタビューをさせていただいた方々

に感謝いたします。そして，ホスピタリティマネジメント研究会の幹事である平松恵一郎，足立幸一，野澤美加，大澤一公，平井直樹の各氏に支えていただきました。いつも有り難うございます。また，分科会として立ち上げたホスピタリティコミュニティをご支援いただいている皆様にも御礼申し上げます。

　最後に，すでに他界していますが，筆者の大学院進学から本書の執筆に至るまで背中を押し続けてくれた母の初子に，本書を捧げたいと思います。

2020年4月

吉原敬典

# 索　引

## 著者紹介 （所属，執筆分担，執筆順）

### 吉原敬典 （よしはら・けいすけ） 編者，序章，第1～3・6・7章

編著者紹介参照。

### 三好博之 （みよし・ひろゆき） 第4章

1977生まれ。岡山県玉野市出身。2010年，産業能率大学情報マネジメント学部卒業。現在，株式会社ウェルクリエイターズ代表取締役・指定生活介護「リハたすくらしき」管理者。社会福祉士。卒業後に就職した社会福祉法人で障害者支援に携わり，地域の障害者支援団体の設立にも関わりその役員となる。その後，株式会社メディックプランニング「リハビリテーション颯倉敷」でデイサービス管理者と生活相談員を担当。2016年に株式会社ウェルクリエイターズを設立。今までの経験を基にコンサルティング事業をスタートさせ，障害者を支援する多くの事業所に，利用者とスタッフそれぞれの立場を超えたホスピタリティマネジメントに基づく新しいマネジメントのあり方を提唱。また，『高齢者安心安全ケア』『通所介護＆リハ』『臨床老年看護』等の雑誌においても，数多くの論考が掲載されている。

### 鐙　勉 （あぶみ・つとむ） 第5章

1949年生まれ。東京都杉並区出身。1971年，成蹊大学経済学部経営学科卒業。1981年，慶應義塾大学大学院経営管理研究科修士課程修了。認知症予防専門士。経営学修士。現在，社会福祉法人信愛報恩会常務理事。石油会社・食品販売会社にて営業・人材開発・広報・企画等に従事。2012年に社会福祉法人信愛報恩会本部事務局長及び常務理事に就任。その後，2年間は特別養護老人ホームの施設長も兼務し，介護現場における職員のやりがい及び動機づけと業務評価との関連に強い関心を持つに至る。

### ひきたよしあき　コラム1～7

1960年生まれ。兵庫県西宮市出身。1984年，早稲田大学法学部卒業。現在，株式会社博報堂スピーチライター・博報堂教育財団コミュニケーションコンサルタント。母が有料老人ホームに入居したのをきっかけに介護に興味を持ち，立教大学で開催されているホスピタリティマネジメント研究会の分科会として立ち上げた「ホスピタリティコミュニティ」のファシリテーターを務める。小学生から社会人までを対象に，「言葉」にまつわる本を執筆。著書は『大勢の中のあなたへ』（朝日学生出版社）他11冊。全国で「生きる力を強くする言葉」講座を展開している。

## 編著者紹介

**吉原敬典**（よしはら・けいすけ）

1955年生まれ。広島県尾道市因島出身。1981年，立教大学経済学部経営学科卒業。2009年，東京医科歯科大学大学院医歯学総合研究科修士課程修了。2013年，同研究科博士課程修了。博士（学術）。専門は，ホスピタリティマネジメント論，人的資源管理論。長崎国際大学助教授等を経て，現在，目白大学経営学部教授・大学院経営学研究科研究指導教授，立教大学大学院ビジネスデザイン研究科兼任講師（ホスピタリティマネジメント1・2担当）。ビジネスクリエーター研究学会副会長，ホスピタリティマネジメント研究会会長。また，分科会としてホスピタリティコミュニティを設立し活動している。日本ホスピタリティ・マネジメント学会理事，幹事長，常任理事，会務担当理事等を歴任。コミュニティの一つとして，尾道サポーターの会会長を務めている。主な著書は，ホスピタリティ3部作として『ホスピタリティマネジメント——活私利他の理論と事例研究』『ホスピタリティ・リーダーシップ』『医療経営におけるホスピタリティ価値——経営学の視点で医師と患者の関係を問い直す』（3点とも白桃書房），他多数。主要論文には，"Correlation between doctor's belief on the patient's self-determination and medical outcomes in obtaining informed consent" (*Journal of Medical and Dental Sciences* 60 (1), pp. 23-40.) がある。

新・MINERVA福祉ライブラリー㊲

ホスピタリティマネジメントが介護を変える
——サービス偏重から双方向の関わり合いへ——

2020年7月1日　初版第1刷発行　　　　　　　　　〈検印省略〉

定価はカバーに
表示しています

| | | |
|---|---|---|
| 編 著 者 | 吉　原　敬　典 | |
| 発 行 者 | 杉　田　啓　三 | |
| 印 刷 者 | 坂　本　喜　杏 | |

発行所　株式会社　ミネルヴァ書房
607-8494　京都市山科区日ノ岡堤谷町1
電話代表　(075)581-5191
振替口座　01020-0-8076

© 吉原敬典ほか，2020　　冨山房インターナショナル・清水製本

ISBN 978-4-623-08945-1
Printed in Japan